中国教育三十人论坛第四届年会部分参会人员合影

中国教育三十人论坛丛书
Books of China Education 30 Forum

激发教育活力

朱永新　袁振国　马国川｜主编

JIFA JIAOYU HUOLI

山西出版传媒集团　山西教育出版社

图书在版编目（CIP）数据

激发教育活力 / 朱永新，袁振国，马国川主编. —
太原：山西教育出版社，2018. 7
ISBN 978-7-5440-9891-5

Ⅰ. ①激… Ⅱ. ①朱… ②袁… ③马… Ⅲ. ①中小学教育-文集 Ⅳ. ①G63-53

中国版本图书馆CIP数据核字（2018）第082875号

激发教育活力
JIFA JIAOYU HUOLI

责任编辑 徐　琼
复　　审 康　健
终　　审 潘　峰
装帧设计 王耀斌
印装监制 赵　群
出版发行 山西出版传媒集团·山西教育出版社
（太原市水西门街馒头巷7号　电话：0351-4035711　邮编：030002）
印　　装 山西三联印刷厂
开　　本 720mm×1020mm　1/16
印　　张 14
字　　数 163千字
版　　次 2018年5月第1版
书　　号 ISBN　978-7-5440-9891-5
定　　价 42.00元

前言

2017年12月23日，中国教育三十人论坛第四届年会暨教育创造美好生活高峰论坛在北京举办。本届年会的主题是“激发教育活力”。

中共十九大以后，“美好生活”成为高频热词。对美好生活的向往，是全体国民的共同追求。教育既是美好生活的重要内容，也是创造美好生活的重要途径。经过多年改革，中国出现了多元化的办学局面：公办学校出现了委托管理、契约式管理等新模式；民办学校蓬勃发展；创新型小微学校等新理念学校广泛存在，企业家投资办学热情高涨。不过，由于办学活力还没有充分发挥出来，还不能满足公众对个性化、多样化、选择性教育的需求，激发教育活力就成为新时代迫切解决的问题。我们认为，只有通过改革，激发办学活力，才能形成富有效率、有利于科学发展的教育体制机制，满足人民对更好教育的需求。

正是基于这样的考虑，我们将本届论坛的主题确立为“激发教育活力”。这也是国内首次以“教育活力”为主题的大型公益论坛，引起了社会的广泛关注。从黑龙江到西藏，从福建到甘肃，关注教育的各界人士从全国各地赶来参加论坛。现场座无虚席，观看网络直播者也超过一百万。

在本届年会上，来自海内外的十七位嘉宾围绕“激发教育活力”发表了精彩纷呈的演讲。除了中国教育三十人论坛成员，我们还邀请了首届一丹教育发展奖获得者、新学校基金会(Fundacion Escuela Nueva)创办人兼理事薇奇·科尔波特（Vicky Coibert），一土学校创办人、比尔和梅琳达·盖茨基金会北京代表处首席代表李一诺等海内外知名人士，以及明悦学校顾问校长、北大附中原校长康健，日日新学堂校长、创始人张冬青等创新型小微学校代表。演讲嘉宾们围绕“激发中小学新活力”“释放高等教育办学活力”“小微学校与多样化办学”“教育家办学：现实与未来”等议题，发表了个人的真知灼见，提出了许多富有建设性的意见和建议。嘉宾们的精彩演讲获得了热烈的掌声，他们还和现场观众热情互动，气氛热烈。

本届年会被多家媒体争相报道，产生了极大的社会影响。论坛秘书处整理的年会报告得到了国务院有关领导的批示，并批转有关部门参考落实。作为一个以“凝聚社会共识，推动教育改革”为宗旨的著名教育智库，中国教育三十人论坛今后将继续架设学术研究与公共政策之间的桥梁，为深化教育改革和教育事业的健康发展建言献策，聚智启思。

山西教育出版社作为中国教育三十人论坛的合作单位，将本届年会的内容精心编辑，汇集出版，旨在与关注中国教育问题的读者朋友们共享思想盛宴，凝聚社会共识，共同为激发教育活力、创造美好生活而努力。

中国教育三十人论坛学术委员会

2018年4月8日

目　录

教育家办学：现实与未来

教育大咖之声

总结发言

附录

主办方致辞

邵鸿

中国教育三十人论坛成员

九三学社中央常务副主席

第十三届全国政协副主席

如何培养创造性人才

大家上午好！欢迎大家参加“教育创造美好生活高峰论坛”。

中国教育三十人论坛成立于2014年12月，是一个新型的教育智库，宗旨是“凝聚社会共识，推动教育改革”。成立三年以来，我们已经举行了许多有影响力的活动。例如，围绕“教育改革与‘十三五’发展”“大力促进教育公平”“创新时代教育怎么办”“供给侧改革促进教育公平”“现代教育治理体系建设”“人工智能与未来教育”等具有紧迫性的重大问题展开了切实而深入的讨论，取得了丰硕的成果。我们出版了《教育改革进行时》《“十三五”：教育怎么办》《跨界看教育》《现代教育治理体系》等多本图书。这些活动和出版物获得了社会的高度认可，论坛的报告也得到了国务院领导同志的批示和肯定。

本届年会有两个主题词：一个是“美好生活”，一个是“教育活力”。这两者密切相关。中共十九大提出，中国社会的主要矛盾已经转化为人民日益增长的美好生活需要和不平衡不充分的发展之间的矛盾。教育既是美好生活的重要内容，也是创造美好生活的重要途径。十九大报告强调，必须把教育放在优先位置，加快教育现代化，办好人民满意的教育。改革开放以来，中国教育事业蓬勃发展，成就巨大，但不可否认，教育改革发展不平衡、不充分的问题同样存在。特别是，教育体制机制方面的弊病仍在制约着教育事业的健康发展，更难以适应现代科技迅速发展背景下教育不断创新和应对巨大挑战的需要，导致优质教育资源供给不足，不能满足广大人民群众对美好教育的需求。毋庸置疑，只有通过加快深化改革的步伐，努力形成充满活力、富有效率的教育体制机制，让各种社会力量都能积极参与，不同性质的学校都能自主发展、公平竞争，真正做到教育家办学，教育行政管理更加民主、科学和遵循教育规律，才能激发教育活力，大大增加优质教育供给，满足人民对美好生活的期盼。而这，也无疑是一个艰巨的任务。

因此，中国教育三十人论坛联合《经济观察报》举行“教育创造美好生活高峰论坛”，并将本届年会的主题确定为“激发教育活力”。这是国内首次以“教育活力”为主题的大型论坛。演讲嘉宾来自海内外，他们将围绕“激发中小学新活力”“释放高等教育办学活力” “小微学校与多样化办学”“教育家办学：现实与未来”等议题展开讨论，集思广益，凝聚共识，为激发办学活力提供思想支持，以期增强改革推动力，推动中国教育与时俱进、科学发展。

教育是我们共同的事业。中国教育三十人论坛愿意和所有关心教育的朋友携手，为推动中国的教育现代化，为更好的教育、更好的生活而共同努力！

特邀嘉宾演讲

薇奇·科尔波特

首届一丹教育发展奖获得者

哥伦比亚新学校基金会（Fundacion Escuela Nueva ）创办人兼董事

教育创新，让公平变革沐浴在每个孩子身上

很荣幸受邀参加中国教育三十人论坛第四届年会。作为一丹奖教育领域的获得者，我非常希望可以到现场跟你们一起探讨教育问题。但是很遗憾，两天前我刚从香港回国，所以我录了一段视频与大家分享。

需求是创新之母

这是我从事了超过40年的人生项目，从设计到实证，我将Escuela Nueva模型应用到许多国家。最开始的时候，我是一名想减少不公平、驱动社会变革的社会学家。我很幸运，能去斯坦福大学学习。之后我从斯坦福回到哥伦比亚，这是一个与拉丁美洲其他国家相似的地方。

在这里，尽管宪法有规定，但依然没有完备的基础教育。原因是什么呢？因为这里有许多“看不见的学校”，它们都是被孤立的学校。这是最大的不公平，这些学校大多数是混龄教学的多级学校。这是为什么我们要开始这个项目的原因。这里的基础教育学校一般只有一两名老师，他们同时教所有的年级。我总说这是一个灰姑娘的故事，因

为问题实在太多了，我们不得不重新思考一切。创新由此开始。

从伦敦大学的一次参访后，我意识到绝大多数教育规划者看不到这些学校，于是开始重新思考。我的人生项目，就是让这些学校被教育规划者和政策制定者看到。

当我从斯坦福大学研究生毕业回国后，如我刚才所言，我发现哥伦比亚无法保证小学教育这样的基础教育，有太多的问题，如：高退学率，高复读率，像一个失败的公司一样没有成效；孩子们的自尊水平都很低；以老师为中心的教学法，使得孩子们记得多理解得少；学校与社区缺乏合作；所有学生都按同样的进度学习；特别是老师缺乏动力……问题如此之多，我们必须进行系统性的思考。我们必须同时解决所有的问题，而不是孤立地解决一个一个的问题。

我总说需求是创新之母。这些学校困难重重，我们必须重塑一切。

改变以老师为中心的传统教学法对我们来说是一个极大的挑战。我们意识到仅有量变是不够的，我们需要质变，需要从“以老师为中心”的教育变成“以学生为中心”的教育。这不是什么新的主意，它植根在教育理论的土壤中。不同的是，我想让它可复制、规模化、简单化，让每个老师都能真正实施。我们想带来一场变革，从知识的传输变成知识的社会创造。

我们都知道蒙台梭利、杜威、利维·维谷斯基等著名的教育家及其理论，还有很多其他教育大师的理论。我们想把他们的理想和理论变成所有教师可以应用的具体策略。

你们现在知道了我为什么要选择这样一个人生的项目，因为我完全相信，没有优质教育就不可能有经济发展、社会发展、政治发展以及和平与民主。投资优质基础教育能够改善民生，提供更多经济发展机会。教育赋予人们能力，让人们能为家庭福祉作出理智决策，让人民拥有过上更健康幸福生活的能力。

教育为公共健康和性别平等创造条件，也是解决世界面临的其他重大问题，如气候变化、食品安全、和平发展等最重要的基石。我完全确信教育的重要性，想在这个领域做一个有意义的终身项目。

我开始为政府做管理教学，因为我们意识到必须与政府合作才能去扩大影响力。但是，随着国家集权化程度越来越深，很多东西都在发生改变，师资培训也发生了变化。所以，我们需要重新思考所有事务。我在管理教学期间创办了一个非营利组织，后来我成了教育部副部长，管辖着哥伦比亚当地的两万多所学校。

Escuela Nueva 项目是成功影响国家政策的三个创新项目之一。

我们接待了很多国家的来访，也将许多哥伦比亚的老师派往巴西、危地马拉以及其他不同的国家。我们也将变革带到了远在非洲的赞比亚和东南亚的越南等国家。到目前为止，这个教育创新的模式已经影响了超过十六个不同的国家。通过与许多政府、国际组织的合作，我们已经影响了超过五百万的儿童。

那我们是怎么做的呢？我们时刻记着三件事情：

第一，我们需要找到并建立示范性的学校，通过树立模范来带动其他老师的教育变革。之所以这样做，是因为我们要促进师资队伍的变革，这样也能增强老师们内在的驱动力，使他们能更好地认知、创新。人们需要视觉化的画面去影响他们从态度到行为发生改变，这似乎也是唯一可以影响政策制定者的办法。

第二，我们需要在决策过程中提供切实可靠的证据，从而影响政策的制定。我认为，Escuela Nueva目前是哥伦比亚最完整的、自下而上的创新变革成功的案例。

第三，我们想在政策考察期间就把Escuela Nueva模式引入教育系统当中。显而易见，任何一位教师不需要拿到博士学位，就可以借助Escuela Nueva模型来实现教育创新变革。还有，政治公信力也是考量点之一。我们在拉丁美洲有强大的联盟国，我们需要与教师们合作，并给他们“赋能”。再者，我们需要对技术、政治、金融都有足够的信心。我们正考虑在三万四千多所哥伦比亚的乡村学校进行试验，其中有两万多所都是多级学校。这也是为什么我们不仅仅是简单的创新，我们更想去简化标准的原因。

我想向大家展示一些关于Escuela Nueva的照片。在展示这些照片之前，我想用医疗系统来跟这个教育系统进行对比。

如果你把生活在一百多年前的一位医生放在今天的医院里，他一定会不知所措，因为所有的东西都变了。但在教育体系中，如果也把生活在一百多年前的教师放到今天的学校课堂里，哪怕是在最好的学校里，他也不会完全不知所措。因为尽管所有事物都变了，唯独教学的方法没有变。所以我们积极推进这种变革，从知识传播到社会构建，从“以教师为中心”的教育模式到“以孩子为中心”的教育模式，着重培养学生的合作能力及自学能力。

Escuela Nueva 为传统的学校和传统的学习方法带来了变革。最开始，我们改变以教师为中心的介绍式教学，转变为以学生为中心的方式，促进学生主动的、互动合作式的学习方式。也有人说，这种变革并没有我说的那么新颖，但有一点让人耳目一新，那就是如何让人们参与到变革中来。

孩子们在Escuela Nueva课堂上一起学习，分工合作来完成任务，他们自发组成了小组。这样能够促进以孩子为中心的、主动的、互动合作式的学习方式，就像我刚才说的。个性化的学习，不是让每个孩子在相同的时间学相同的内容，而是需要在教室中形成弹性的、灵活的方法。大家可以看到，每个孩子都在自主学习，并且他们明确地知道他们正在做的事情目的是什么，虽然他们可能分别在做不同的事情。

Escuela Nueva课堂最重要的是，能让你知道孩子们在学什么，他们是怎么学的。

老师的“新角色”，我们在40多年前就提出了这一概念。现在几乎人人都在谈这个。老师的“新角色”让他们成为激励孩子与引导孩子的教练，成为一个指引孩子成长的人，而不是消耗大量的时间来单纯地传递书本知识和经验。老师需要有更多的时间来了解孩子的学习方式以及他们遇到的问题，与孩子成为亲密的朋友。家长们也要加入到学校的活动中，加入到孩子们学习的过程中。所以说，Escuela Nueva促进了学校、家长、家庭和社区之间形成紧密的联系。

更重要的是，我们需要寻找一个简单的方法来完成这种关系的构建。

因为住所离学校较远的家长们不像大城市学校的家长，他们没有很多时间来加入学校的教学过程。

大家请注意，还有一件需要我们做的事情：教师的培训方式需要变革。我们需要确保老师们都要经过统一的培训，确保教授孩子们的教学方式都是一致的。在拉丁美洲，我们依然有太多的学院派、太多的理论，推广互动式教学遇到非常大的阻力。所以我们必须去挑战现有的教育体制，去做大多数老师、学校不会去做的事。比如，如何把民主政治理念和发展史教授给学生。孩子们学习民主政治，学习如何给政府和议会写信，他们会学着合作、讨论，他们会面对面讨论，直到团队得出统一的结论。这一点非常关键，因为通过这种方式，他们能够一起构建知识的体系。

记住：对话和互动一直是Escuela Nueva的核心。独立完成工作、合作与小组完成工作、对话和互动……生活中的点点滴滴都与这些孩子的学习息息相关。这种办法很简单，成本也非常低。

Escuela Nueva给孩子们提供新的和平文化、民主和公平的学习平台，教会他们如何学习和参与社会活动，同时赋予他们、他们的家人，还有他们所属的群体更多的权益。

正如我所提到的，这有点像灰姑娘的故事。我们就从这所典型的学校开始讲述。

我们一直在谈论有这么多精彩的成果，我们也谈到很多21世纪的技能。让我来列举一些我们的成果。我们的研究结果显示，这一项目在哥伦比亚大部分农村学校得到了很好的实施。第一次对拉丁美洲不同国家进行比较研究，只有哥伦比亚、古巴的农村学校享有城市学校的条件。这是Escuela Nueva在哥伦比亚取得成效的证明。我们评估的另一个方面，是关于培养孩子平和的以及实用化的行为习惯。确切地说，我们在伦敦大学发表了这项研究。我们论证了Escuela Nueva项目对儿童和平民主行为习惯的影响。这是必然的，因为他们在我们的教育下，一直在通过对话讨论得到结论，一起解决问题。所以你在Escuela Nueva基本找不到任何嘲笑和嘘声。我认为最重要的是，从一开始就要关注他们的自尊。

接下来，我用大家都在讨论的新世纪需要具备的技能来总结一下：

学会学习，学会组织和决策，学会搜索整合信息，学会合作，学会批判思考，学会执行，学会按时完成事情，学会检验自己的知识掌握程度。但我认为，最重要的是学习团队协作。

最后，我想分享一下我在哥伦比亚和国外的六点经验。

第一，在任何国家，即使是最弱的学校都是有可能提高教育质量的。

第二，简单的道德教育是不够的。

第三，我们需要从简单的知识传递转变为知识的社会建构，从“以老师为中心”的教育到“以孩子为中心”的教育。我们需要创新地、系统地思考所有的产品、课程、教师培训以及学校与社区的关系。我认为这是非常重要的，因为我们必须学会把这些要素整体考虑进去。

第四，学习的过程比学业成果更加重要。我们很久以前就开始重视社会和情感技能，这也是大家现在谈论的内容。我们不能仅仅让学生只为了通过考试而学习，这只会给学生制造紧张和压力，必须用更多的社会和情感技能培训来平衡他们。

第五，科技毋庸置疑是非常重要的，但是你需要一个理性的技术更新循环。因为引入新技术对提高学习效率是否有效并不一定。我想引用一位朋友的话："现在教室里只是单纯地引入台式电脑、笔记本电脑以及各种昂贵的新技术装备，但是如果没有改变教学方式，这就是新瓶装旧酒而已，所以我们必须更加理性地在教学中引入新技术。"

第六，我们必须与各地政府合作，学会如何正确影响政府是我们的责任。如何走好 PPP 合作（Public - Private - Partnership，公共私营合作）的道路，更好地发挥民间社会力量的作用非常重要。

教育不仅是教育部门的责任，也是我们每个人的责任。所以这也是为什么我要再次祝贺中国教育三十人论坛第四届年会的召开，就像本次论坛主题所说：教育让生活更美好。

再次感谢各位听完我分享的关于Escuela Nueva的内容。希望未来可以亲自来到中国，与大家作更多的分享。

谢谢大家，祝福你们！

激发中小学新活力

李希贵

中国教育三十人论坛成员

中国教育学会副会长

北京十一学校校长

学习力来自学习本身

十九大会议期间，我研究了中央委员和中央候补委员的学历，发现初中毕业的有八位，这八位委员有好多还在知识分子堆里面当领导。他们中间有统战部的领导，管的都是高级知识分子，还有新华社的社长。我非常好奇，所以我决定对他们进行深入研究。

我发现这些人各有不同，他们的人生非常丰富，但是有一点是一样的，就是无论他们走上了什么新的岗位，甚至跨了一个新的行业，他们很快都会成为新的岗位、新的行业的行家里手，而且出了好多可以代表他们已经成为该行业专业人士的成果。为什么？他们上初中的时候跟我们差不多，基本上没有学什么东西，也没有带着多么了不起的知识走入这个社会，但他们有的是什么？他们有的是学习力。学习力来自何方？如果我们天天让学生在课堂上被灌输知识，他们能有学习力吗？所以学习力只能来自学习本身。

美国著名演讲家泰德说过："我们的教育出了什么问题？这个系统当中的成功者并不是因为这种文化才成功的，通常是克服了这种文化才得以成功的。"很多人可以回忆一下我们上学时候的情况：我们喜欢读书，但是不喜欢语文课；我们喜欢运动，但是不喜欢体育课。最近网上流传着一部电子书，是美国人写的，其中有一道题目就是“如何让孩子讨厌棒球课”。第一，先讲棒球史，棒球是怎么产生的，怎么引到美国的，一系列的大事小事让学生背下来，然后考试；第二，再讲棒球技巧，在不见棒球的情况下讲一个星期，备份考试；第三，再讲棒球球员，一个星期之后考试。这样，基本上学生就不喜欢棒球课了。我们的学校怎么去克服这种“教”的文化，让孩子真的走向“学”？我们还有很长的路要走。

即使我们激发了学校、社会、家庭的教育活力，但如果这些都不是学生想要的，那么这些活力就有可能给学生造成伤害。有多少有“活力”的家长和有“活力”的老师把孩子搞得死去活来？所以我们正在作这样一些探索。如果是在往年的话，高一的语文课应该有一部分是讲小说当中的侠义人物，总共是四篇文章。传统的方式教这四篇文章已经几十年了，就是老师一篇一篇地领着学生学习，学生所有的问题由老师来解决。我们往往在备课本上写一个教学目标，这个教学目标我们一年一年从不改变，但是教完了，我们自己都不知道我们实现了没有。课堂上经常看到这种情况，老师偶尔会想到制定新的教学目标，但学生并不知道目标，所以天天都在课上看着老师的表情、听着老师的谆谆教诲，但是一离开老师，就不知道为什么要学这本书，到底为了实现什么样的目标。

我们渴望这样的课堂——无论是老师还是学生都非常明晰这个单元和这个课堂的学习目标到底是什么。把教学目标从仅仅写在备课本上转化为学生非常清晰、能够操作的学习目标，我们还有很长的道路要走。学生可以理解、可以操作的学习目标——选出六个侠义人物，用关键词从三个方面概括每一个的主要特征，说出他们的一个相同点和各自的一个不同点；能够结合材料，立足于历史与现实，对侠义人物作出包括正面反面在内的三个维度的评价，除了正面和反面还另有一些新的角度来看问题；说出对社会价值观有正面影响的三点内容。

这些目标明确以后，怎么设计学习任务呢？我们每年的最后一个工作日是全校大狂欢，所以我们就把语文任务作为狂欢节当中的学习任务。因为狂欢节有一个重要的必修课，就是每一个师生必须扮演一个人物，核心任务就是每个学生都要选一个侠义人物装扮一位老师，具体包括：用准确的词语概括五位侠义人物的个性特征，指出五个侠义人物的共同点和不同点。这个任务提出的同时，把老师准备的资源包交给学生，这就远远不是四篇课文了，包括纸质的、网络的、视频的等一系列资源一并交给学生。学生怎么适应这些资源，由每一个学生不同的学习路径决定。

我们还要给学生提供学习过程当中需要的工具和“脚手架”，因为他自己学习、自己攀登就有可能要借助一些“台阶”，有些方便的工具可以帮助他们提高效率、改变思维方式。时间管理的工具可以作一个规划，任务管理的工具从最重要的任务到最不重要的任务，从不同点到相同点的工具，包括故事情节的分析工具等等。因为这些工具和“脚手架”还要有评价的量规，每个任务到什么程度是达到二级水平，这些量规也是师生共同讨论完成的。这样，课堂上就完全变了，十天的语文学习就变成了这样一个样子。即使我们给学生提供了很多不一样的可选择的资源，但还是不能满足学生。比如给老师写一封信劝说老师同意装扮，并精心选择合适的信纸。但是有的学生感觉还不能反映他的需要，他要自己制作一种信纸来打动老师。各种分组的方式不是老师来做，而是学生自愿形成各种不同的小组。教室也必须分区了，因为他们的学习进度和学习内容都不一样了。

放开以后的学习令老师和学生都有点手足无措，整合资源的能力欠缺了。如果读任何一本书都要从第一句话读到最后一句话，老师提供了这么多的资源，很明显，这种获取信息的方式已经不适合了，所以老师还要提供若干种整合信息资源的方式。接到任务、拿到资源以后，要在十天时间当中不忘初心、砥砺前行。我们从来没有放开过学生一天。学生没法自我评估，每个环节做到了什么程度、怎么去做心中没有数，我们的老师如何设计收放自如、学生自带动力的学习任务，这是新的挑战。国际部高三学生委托高一学生给他们策划一个理论学习，学生形成不同的学习进度，教师应该如何建议，如何做到语文进语文出，学生学的过程是语文，最后出来的结果也是语文——这不仅仅是一个狂欢节的活动，这对老师都是新的挑战。

我们也有一些策略，包括学会与问题和平相处。所以要把问题当作资源，把问题的解决放在一个很长的过程当中，多样化地解决问题。有一个问题的展板，学生把自己遇到的问题贴出来，就一直贴在这个地方，作为学习的资源。有些问题自己解决，有些问题别的同学帮助解决。我们告诉学生星期几哪些课的时候我们有一个展示、分享和评比，告诉学生其他时间要放开。放开的同时要有“缰绳”，就是始终能够既放得开又收得紧，避免一放就乱、一收就死的现象。核心的设计、量规的计划和评估活动的设计，是备课的新挑战。

要把所有的秘密公开化，包括学生写一封信去说服老师扮演一个角色。语文老师也设计了告全校老师的一封信，就是作为学校的同人，狂欢节即将来临了，学生要去找你们扮演角色了，你们可不要轻易上当，你们要问他们几个问题：这个侠客人物有什么特点？为什么叫我扮演？这些既是给老师提供依据，更重要的是激发学生的动力，并适当地给予一定的压力。这样的活动学生相对来说就有了内在的动力，学习解决问题，学习完成任务，学习就是生活的一部分。

前两天，国家汉办邀请了两百位美国的中小学校长来到中国考察，他们兵分三路，最后汇集北京举行了参观总结大会。在致欢迎辞的时候，我首先做了一个调查，我问他们："在座的各位校长，你们有谁知道孔子的老家？（——因为他们回去以后都要办孔子课堂和孔子学院，四分之一的校长举手了）我想用孔子的口音跟你们说话。"听了我的"孔子的口音"后，他们都瞪大了眼睛。我告诉他们回去在选汉语老师的时候，千万不要以我这个口音来选老师。散会以后，他们还有一个校长非常较真，说："就是要按照你的口音选，我已经录音了。"我说十分对不起，我们可以看看杜威的这句话：如果我们仍然以昨天的方式教育今天的孩子，无异于掠夺了他们的明天。所以我还是建议他们用普通话选老师。

石中英

中国教育三十人论坛成员
北京师范大学教育学部教授
北京明远教育书院院长

教育活力的源泉与机制

非常高兴来到一年一度的中国教育三十人论坛的会议现场，和大家就“激发教育活力”这个主题进行交流。今天我和大家交流的题目是“教育活力的源泉与机制”。

为什么选择这个题目？这几年我到过一些学校，明显地感觉到有些学校充满活力，有些学校活力不足，有些学校则根本没有活力。为什么不同的学校在教育活力表现上有这样明显的差别？这是我想在理论上和实践上搞清楚的事情。在理论上搞清楚，就是要基于学校活力状况进行观察和分析，提出一套教育活力的理论；在实践上搞清楚，就是要检验这些有关教育活力的理论是否有解释力，以及是否能够帮助决策者、办学者和教育者重新找回失去的活力。

我认为，教育公平、教育质量、教育活力是当前我国教育改革所面临的三大问题。比起教育公平问题、教育质量问题来说，我们对教育活力问题的重视程度应当说还是不够的。其实，这三个问题都是彼此相关的。过去几十年来，在党和政府的大力推进下，教育公平问题得到了高度重视和初步解决，当然也还没有完全彻底地解决。和教育公平问题相伴随的就是教育质量问题。中国要从教育大国成长为教育强国，提高各级各类教育的质量是应有之义。而且，教育公平问题首先体现在优质教育资源供给不充分和分配不均衡方面。所以，教育公平问题与教育质量问题是分不开的。同样，教育质量问题与教育活力问题也是分不开的。不难理解，一个区域、一所学校甚至一个课堂，如果失去活力，死气沉沉，哪里还有教育质量可言呢?！从这个意义上说，教育活力是保障和提高教育质量的动力或条件。没有教育活力，就没有教育质量；没有教育质量，教育公平也就没有意义。所以，当教育改革发展进入新时期，决策者、管理者和教育者都应该认识到，教育公平、教育质量、教育活力问题是三个相互关联的问题，应当同时为国家和地区的教育政策和教育实践所关注。尤其是教育活力问题，应该与教育公平问题和教育质量问题一样，被国家和地方列入优先考虑的教育政策问题。

那么，究竟什么是教育活力？人们对这个概念应当有一个比较清晰的认识。如果没有清晰的认识，我们谈论教育活力、主张释放教育活力，就不知道在谈论什么、追求什么。从目前社会上人们有关教育活力的观点来看，人们对于教育活力有一些经验的或常识性的认识。有的人可能把教育活力理解为社会主体参与教育改革的积极性、主动性，比如人们常说的教育体制机制缺少活力，主要是在这个意义上说的。有的人可能将教育活力理解为教育实践主体如管理者、教育者在开展教育实践活动中的积极性和主动性，像办学活力、教师活力，主要是在这个意义上说的。有的人可能将教育活力理解为教育改革发展的某种理想状况，像一些人倡导的区域教育活力，主要是在这个意义上说的。总之，在不同的语境中，人们对于教育活力的理解不同。这些理解都有其合理的成分，但是也大都陷于经验的或常识的水平。对于教育决策、教育管理或教育研究来说，满足于一种经验上对教育活力的理解，则是不够的，应当对教育活力概念有更加严谨的思考。人类是理性的行动者，如果教育活力或释放教育活力是政策与实践行为的重要目标，那么确实应当对“教育活力”这一概念进行一些理性的思考。

从词典定义看，汉语当中的“活力”是指“旺盛的生命力”，这个很容易理解；英文当中的Vitality有不同的含义，既指有机体的生命力，也指有机体的生存力和语言表达的生动性。在人文社会科学领域，“活力”的概念最早出现在经济学领域，后来社会学领域也开始使用这一概念。经济学领域中，经济学家主要讨论“市场活力”“企业活力”“经济活力”等问题。例如，刘守德认为，企业活力是指企业在生产经营过程中，通过企业自身素质与外部环境的交互作用，使企业经营者和员工的积极性、主动性及创造性得到充分发挥，在市场竞争中呈现出良性循环的自我发展状态。这个定义简而言之是将企业活力定义为企业的一种良性发展状态，有活力的企业自然在市场竞争中处于有利地位。企业活力的外在表现就是企业经营者和企业员工的积极性、主动性和创造性得到充分发挥。在社会学中，人们一般讨论社会组织的活力。苏曦凌认为，社会组织的活力是标志社会组织生命状态的基本范畴，是社会组织生命系统之有效性、自主性、回应性的统一。社会组织生命系统的有效性是指社会组织具有完成其组织目标的素质禀赋；社会组织生命系统的自主性是指其依法自愿、自觉地选择自己活动范围、内容、方式的主动精神和能力；社会组织生命系统的回应性是指其能够敏锐地对外界或者内部的刺激予以积极应对。这个定义表明，社会组织活力也是社会组织能够发挥自己独特社会功能的重要禀赋、动力和条件，否则，社会组织的有与无对于整个社会发展来说就是无所谓的事情了。

基于上面的分析，我试图给教育活力下一个定义：教育活力是用来描述某一教育系统整体健康状况的一个重要概念。从内涵上说，教育活力指教育系统或组织在一定社会和历史背景下按照系统或组织特性运行时所表现出来的生命力、适应性和可持续发展状态和能力；从特征上说，教育活力具有生成性、表征性和动力性三个基本的特征。一个健康的教育系统，应当是有教育活力的，教育活力是教育系统健康与否的一个表征，就如同人的活力是人体健康状况的一个表征一样。教育活力的表现维度有三个：生命力、适应性和可持续发展能力。其中，生命力主要通过教育系统中人的生命状态表现出来，适应性主要通过教育系统在应对内外环境变化时的主动性、积极性和创造性表现出来，可持续发展则通过教育系统的现状对于其未来发展的支持程度表现出来。一个有活力的教育系统或组织一定是充满生命活力、对内外环境变化高度敏感且能作出及时合理的反应并且面对未来能够可持续发展的教育系统或组织。从特征上说，教育活力的生成性是指教育活力不是教育系统或组织天生具有的，而是在真实的教育实践活动中产生和变化的，其中人为的因素起着关键的作用。我们观察一所学校，可以看到它在某些时期比较有活力，在另外一些时期活力下降，在某些时期还可能根本失去了活力。教育活力的表征性就是前面所说的教育活力是教育系统或组织健康程度的一个外在表征，如果一个教育系统或组织在某一个阶段失去了活力或活力下降，那么这就说明这个系统或组织可能暂时出现了一些问题，需要引发有关方面的高度关注。教育活力的动力性是指教育活力本身对于教育系统的演化或学校组织目标的达成具有积极作用，解决教育活力不足或缺乏的问题，有助于教育系统或组织目标的顺利达成。

在定义了教育活力并简要分析了其特征后，我们接下来要思考的问题是教育活力是从哪里来的，也就是教育活力的源泉问题。宋代的思想家朱熹写过一首小诗《观书有感》，大家都很熟悉："半亩方塘一鉴开，天光云影共徘徊。问渠那得清如许？为有源头活水来。"那么，什么是教育活力的"源头活水"呢？找到教育活力的"源头活水"，才能找到激发和释放教育活力的具体措施。

从学术思想史上看，有三位学者分别对活力问题作出过自己的解释，一位是亚里士多德，一位是庄子，一位是马克思。亚里士多德是活力论的始祖，他认为生命体的一切活动，都是由其内部所具有的非物质因素即"活力"或"生命力"所支配的，他把这种"活力"或"生命力"称作"隐德莱希"。"隐德莱希"源自希腊文 enteles（目的），字面意义为"有一个目的在自身内"，有时译作"实现"。H·德里希认为，一切有机体都有一种内在的合目的的非物质性的生命力；这种生命力促使有机体完美地趋于成熟。亚里士多德以及后来的西方活力论者对活力的解释明显是主观唯心主义的，具有神秘主义的味道，其在历史上的地位相当于“燃素说”在解释燃烧现象中的地位，如今已经没有多少人相信了。但是，他们对目的在有机体活力产生中的重视，在今天依然有意义。事实上，对于生物体而言，目的的丧失，确实是导致活力降低的一个重要内生因素。只不过，这种目的是否是先天的、神秘的和自足的，则需要批判性分析。

比起亚里士多德来说，我国的庄子则明显是从自然主义的立场来解释活力问题的。《庄子・外篇》中有一个著名的寓言：“昔者海鸟止于鲁郊，鲁侯御而觞之于庙。奏《九韶》以为乐，具太牢以为膳。鸟乃眩视忧悲，不敢食一脔，不敢饮一杯，三日而死。”庄子在点评这种现象时总结说：“此以己养养鸟也，非以鸟养养鸟也。”庄子的意思是说：海鸟为何整日郁郁寡欢以至于死亡呢？原因在于饲养者并不了解海鸟的本性，强行按照自己的喜好来对待海鸟。庄子想通过这个寓言故事告诫人们：养鸟者必须辨识鸟的本性，并按照它的本性去对待它，而不能按照自己的本性去饲养它。进而言之，人们如果要使万事万物充满活力，则必须认识和尊重万事万物的自然本性，不可强行按照自己的意志和偏好来对待，否则万事万物都会失去活力以至于消亡。

马克思也很关心人的活力问题，对人的活力问题给出了历史唯物主义的解释。在资本主义的雇佣劳动制度中，为什么会出现工人阶级的活力不足，以至于出现怠工、逃逸和破坏机器等问题？马克思认为，人的类特性是自由的自觉的活动。但是，资本主义制度下的雇佣劳动制度却导致了劳动的异化、人的异化以及人与人的关系的异化。

资本主义制度下的雇佣劳动使得劳动本身与劳动者相异化，劳动的目的、任务、过程、结果等都不是由劳动者来决定的，而是由控制劳动的资本和资本家决定的。劳动已经不再是人的劳动，人在劳动过程中也体会不到自己的自由的自觉的类特性。因此，对于劳动者或工人阶级来说，劳动已经不再是一种解放的力量，而是一种压迫的力量。正如马克思在《1844年经济学哲学手稿》中所说："劳动为富人生产了奇迹般的东西，但是为工人生产了赤贫。劳动生产了宫殿，但是给工人生产了棚舍。劳动生产了美，但是使工人变成畸形。劳动用机器代替了手工劳动，但是使一部分工人回到野蛮的劳动，并使另一部分工人变成机器。劳动生产了智慧，但是给工人生产了愚钝和痴呆。"要解决这样的问题，必须从调整社会关系入手，走社会革命的道路，实行资产阶级革命。

综合亚里士多德、庄子、马克思对于活力问题的这三种解释，我认为，无论是动植物，还是一个人、一个组织或是一个社会系统，保持活力最重要的就是要尊重其本性（不是预成的，而是生成的），并为其本性的充分实现创造适宜的外部条件，从而改变阻碍其本性得以充分表达的物质、观念、制度、文化和技术约束。活力问题确实与有机体、人或组织的本性有关系，但又不是抽象的有机体、人或组织自身所固有的某种禀赋，不是有机体、人或组织的一个组成部分，而是有机体、人或组织本性与外部环境之间的一种关系状态。当外部环境与有机体、人或组织自身本性要求相一致时，这个有机体、这个人或某一个组织就会表现出应有的活力；反之，则会出现活力不足甚至活力丧失的情况。解决活力不足或活力丧失问题的根本途径，就是要进行环境的改造，以求其能够适应有机体、人或组织成长的内在需要。

具体到教育系统或学校组织来说，教育活力或学校活力的源泉有三个：一是明确并追求自身的内在目的（亚里士多德的观点），它集中地体现为立德树人，或者说，把培养健康的、真正的与和谐的人放在教育工作的首要位置和核心位置；二是现实的教育活动或学校活动（教育、教学、管理、服务等）能够较好地反映教育活动的本质要求和教育规律（类似于庄子的观点），在各项工作中努力体现教育性的要求；三是教育系统或学校组织所处的社会环境为教育系统或学校组织忠实地履行自己的职责、实现自身的内在目的创造了适宜且充分的条件（马克思的观点），没有出现教育的异化（教育不像教育）或学校的异化（学校不像学校）问题。一个时代的教育系统，一所学校，只要在这三个方面得到了满足，那么，它就一定是有活力的、生机勃勃的；反过来，如果一个时代的教育系统，一所学校，不能明确自己的内在目的，不把立德树人置于教育任务的首位和核心位置，在行政、管理、评价以及教育、教学、师生交往等领域不能体现教育性要求，以及缺乏充分且适宜的外部物质、制度、舆论、文化、技术等条件支持，那么，这个教育系统，这一所学校，一定是缺乏活力的，或者至少说，是活力不足的。

以上的看法对不对，大家可以拿去检验一下，看看那些充满活力的学校是否具备了这三个条件，再看看那些活力不足的学校究竟在哪些方面有欠缺。十一学校是大家公认的有活力的学校，校长办学有活力，教师教学有活力，学生学习和发展有活力。十一学校是如何做到活而不乱的呢？我曾经深入到十一学校进行调研，就是想揭开它活而不乱的秘密。刚才李希贵校长“从教学到学习”的发言验证了我的理论。我还到过广州天河区华颖外国语学校，这是一个现在看来比较普通的外国语学校，但是这个学校的教师没有职业倦怠感，学生的学习和发展后劲很足，用北京四中刘长铭校长的话说，这个学校的学生可能不会赢在大家所谓的起跑线上，也不会赢在一千米、一万米处，但是他们有可能赢在人生的两万米、三万米处。我相信，只要疏通了教育的源头活水，有活力的教育、有活力的学校最终会使得青少年学生的学习和发展充满活力，充满希望。

张志勇

中国教育三十人论坛成员
山东省教育厅巡视员

让学生享受完整的教育

今天，面对极端应试教育的猖獗，人们都在呼唤教育的回归。教育回归的本意何在？在我看来，最根本的，就是让教育回到其本来的功能定位——育人为本上来。

让我们回到东西方教育的源头，看看人类的教育从其本性上是如何定位的。

遥想2500多年前，孔子杏坛讲学，他教的是什么课程？是语文、数学，还是物理、化学？都不是，是礼、乐、射、御、书、数等课程。周公以礼乐治天下，“礼”用于维护各种人伦和道德规范；“乐”是通过音乐、舞蹈、诗歌等艺术手段使学生从情感上接受道德的熏陶，礼乐互为表里，共同完成德育任务；“射”是射箭，“御”是指驾驭战车的技术，这两项属军事技能；“书”包括识字和自然博物常识，相当于现代的文化科学知识；“数”的教学内容不仅包括一般的数学知识，还包括记日、记月、记年的历法，甚至“八卦”也属于“数”的内容。由此可见，孔子当年的教育内容与今天的学科教育相差甚远，接近于现在的教育方针，每个科目都是指向整体育人的。同时，孔子又主张：“弟子，入则孝，出则弟，谨而信，泛爱众，而亲仁。行有余力，则以学文。”这说明，孔子是把“学会做人”放在教育首位的。

与孔子同时代的西方哲人苏格拉底，是古希腊著名的思想家、哲学家，是西方哲学的奠基者，他和他的学生柏拉图及柏拉图的学生亚里士多德被称为“古希腊三贤”。苏格拉底终生从事教育，广场、庙宇、街头、商店、作坊、体育馆等都是他施教的场所，青年人、老年人、有钱人、穷人、农民、手艺人、贵族、平民等都是他施教的对象。这与孔子的教育主张颇为相似。不仅如此，苏格拉底也主张教育首先要培养人的美德，教人学会做人，成为有德行的人；其次，要教人学习广博而实用的知识；再次，教人锻炼身体。他认为，健康的身体无论在平时还是在战时，对体力活动和思维活动都是十分重要的。而健康的身体不是天生的，只有通过锻炼才能使人身体强壮。在教学的方法上，苏格拉底通过长期的实践，形成了自己独特的教学法——“产婆术”。他母亲是产婆，借此比喻自己的教学方法。他母亲的产婆术是为婴儿接生，而他的“产婆术”则是为思想接生，是要引导人们产生正确的思想。

通过孔子、苏格拉底的教育实践，我们看到产生于东西方不同文明背景下的教育，都追求着共同的本质——教人做人！

同时，我们清楚地看到，那时的教育没有当下意义上的分科教育。我想，这与当时人类科学发展水平必然联系在一起。这里，我们不能不提到苏格拉底学生的学生——亚里士多德。他是古希腊世界古代史上最伟大的哲学家、科学家和教育家之一，曾被马克思称为古希腊哲学家中最博学的人物，而恩格斯则称他是古代的黑格尔。亚里士多德一生勤奋治学，从事的学术研究涉及逻辑学、修辞学、物理学、生物学、教育学、心理学、政治学、经济学、美学等，写下了大量的著作。他的著作是古代的百科全书，据说有四百到一千部，代表作有《工具论》《形而上学》《物理学》《伦理学》《政治学》《诗学》等。他的思想对人类产生了深远的影响，丰富和发展了哲学的各个分支学科，对科学作出了巨大的贡献。

显然，那个时代的亚里士多德是全才。也许正基于此，那时的教育是整体的、不分科的，处于“混沌的整体教育”阶段。而从“混沌的整体教育”走向现在的“分科的教育”，是现代科学发展的必然产物，但这并不能改变学科教育作为育人手段的基本定位，或者说，学科教育整体育人的性质不应改变。

任何学科都应该是整体育人的。

我认为，没有离开人的教育：或培育人，或扼杀人。只传授知识的教育，只追求分数的教育，是撕裂人的教育，是扼杀人的教育。

今天，从国家对基础教育课程改革的目标诉求看，要求广大教师在教育教学中要关注学生的知识与能力、过程与方法、情感态度价值观的达成，这体现了国家对教育整体育人的根本要求。遗憾的是，或者受制于教育者应试教育的教育价值观，或者受制于教育者整体育人的教育实践能力，在现实的教育中，人们对知识技能目标的达成关注多，对情感态度价值观的目标关注少，甚至有意无意地忽视、放弃这类目标。杨守菊老师曾听过一节很精彩的高中生物学公开课——“染色体变异”，但有一个细节却深深地刺痛了她。为了增加学生对教学内容的直观感知，执教老师在教学中播放了几种遗传病（猫叫综合征、苯丙酮尿症等）的多媒体视频。“猫叫综合征”是第5号染色体短臂缺失引起的遗传病，发生率为十万分之一，在国内外均很少见。患儿一般表现为生长发育迟缓、头中央部畸形、哭声轻、音调高、皮纹改变等特点，并有严重的智能障碍，而其最明显的特征是哭声类似猫叫，并因此而得名。面对猫叫综合征患者的种种不幸，很多学生却发出了冷漠的笑声。此情此景，执教老师竟没有作任何的引导！

如何看待执教老师对这个教学环节的处理？杨守菊老师认为，换作是自己，会以换位思考的方式引导学生思考：如果那些人是自己的亲人、朋友或者我们本身，你还会觉得好笑吗？我们能为他们做些什么？相信学生眼里流露出的更多的会是怜悯。在这里，我想起了世界著名哲学家罗素曾谈到，简单而又无比强烈的三种热情主宰了他的一生：对爱的渴望、对知识的追求以及对人类苦难的极度同情。显然，那位老师放弃的是对学生同情与怜悯的这种善的培养。从这个意义上，我们完全可以说，那位老师在剥夺、扼杀对学生的人性的教育。

著名学者叶澜教授曾指出：把课堂教学目标局限于发展学生认知能力，是当前教学论思维局限性的最突出表现……具体地说，就是把生命的认知功能从生命整体中分割出来，突出其重要性，把完整的生命当作认知体来看待。我认为，这种知识本位的教育将人的生命整体单独作为认知体来看待的做法，割裂了人的认知与情感的完整与统一，在关注学生的认知发展的同时，却在不断地削弱甚至破坏学生认知发展的动力系统，进而在总体上降低了学生认知发展的“效益”。正因为如此，我非常赞赏杨守菊老师的话："教育不是捧上一张张高一级学校的录取通知书，而是捧出一个个有鲜明个性的活生生的人；教育不是追求百分之多少的优秀率，而是追求每个学生的活泼、主动的发展；教育不是汇报时的总结、评比时的数据，而是教师与学生共度的生命历程、共创的人生体验。"其实，当教育具备这些特性之后，当学生进入人性成长的自然状态，当学生有了积极主动的进取心之后，所谓分数、升学，就是不请自到的自然成果，"无为而治"。总之，在教育中关注完整的人，实施完整的教育，不仅不会影响学生的学习与发展，而且是整体效益最好、最大的教育。

远离了"人"的教育，是丢掉了灵魂的教育，是死亡了的教育。如此，教育就没有了激情，就失掉了兴趣，就远离了生命。

要让教育回归本质，就必须让孩子享受完整的教育。只有完整的教育，才能培育完整的人。而完整的人的教育，有"三根支柱"：人、生活与交往。

实施完整的人的教育，教育者必须尊重人。教育家艾玛逊指出："教育的秘诀在于尊重。"在执教"基因的表达"这一课时，杨守菊与学生有一段精彩的对话。杨老师问："为什么我们每个人的相貌都不同？"生答："因为每个人都有自己独特的脱氧核苷酸序列。""双眼皮和单眼皮，哪一个更好看？""双眼皮。""那么控制双眼皮的基因比控制单眼皮的基因要好吗？""只要不是致病基因，就没有优劣之分。""是的，只要是正常人，相貌是没有优劣之分的。人类基因组计划表明，任意挑选两个不同民族的不同个体，其基因的序列差异不到

0.1%。但正是这极少数基因上的序列差异，才形成了地球上千差万别的芸芸众生。在这茫茫人海中，我们拥有他人没有的遗传信息和相貌特征。'前不见古人，后不见来者'，你就是你，过去没有，今后也不会有。你在世界上是绝对独一无二的。”正因为如此，每个人的生命都是独特而可贵的，都是值得人们尊重而必须尊重的。

实施完整的人的教育，教育必须回到学生真实的生活。罗素早就指出：教育要使儿童过美好生活。杜威更明确地提出“教育即生活”。陶行知则认为，“教育要通过生活才能发出力量而成为真正的教育”。“如果学校里新来一位天才生物教师，两年之后就会出现10个禀赋高强的少年生物学家，他们爱上了植物，在学校园地上入迷地进行试验和研究。”每每读到苏霍姆林斯基《给教师的建议》中的这一段文字，杨守菊老师总是心潮澎湃。她憧憬着，学生们不必拘泥于课堂，不必禁锢于教室，走进生活，融入自然，兴致盎然地观察和实验，津津有味地学习和思考，在习得生物知识的同时，感悟生命的内涵，实现自身的成长。杨守菊老师创造各种机会，让学生走出课堂，去观察、了解、实验、思考——校园里我和学生一起开辟了“生物园”，种植时令作物，开展生物小实验；节假日带领学生参观生物工程公司，亲手体验“植物组织培养”；考察盐生植物园、湿地博物馆、自然保护区，感受丰富多彩的生物世界。教学中，她总是引领学生回到生活。“黄河三角洲生物与实践”课程的开发与实施，更唤醒了杨老师的课程意识和专业精神。在蹒跚的探索中，杨老师的生物课堂不再局限于“压缩在黑板上的世界”，从而焕发出勃勃生机。

实施完整的人的教育，必须充分地让学生通过交流分享彼此对人生的体验。请看一位同学的“生命誓言”：“感谢爸爸、感谢妈妈，感谢你们当初把我生下，给予我珍贵的生命。感谢家人、感谢社会，感谢你们教我学习、培养我成长，让我成为一个大写的人。生命是朵珍贵的花，她的绽放只有一次，唯一的一次。在这里我要向所有关心我的人说，生命来之不易，我会好好把她珍惜。我会孝敬父母、关爱家人，以感谢你们对我的养育之恩。我会努力学习、报效祖国，以回报社会对我的关怀。我会珍爱生命、迎接生活的挑战，让我的生命之花开得最美、最艳、最久！”

让学生享受完整的教育，是每位教育工作者的神圣使命！

李一诺

一土学校创办人

比尔和梅琳达·盖茨基金会北京代表处首席代表

用创新的体系，让教育回归本真

一土教育从创办到现在已经快两年了。越做教育，越理解教育是一件让人谦卑的事。在座的各位有多少人有孩子？曾经为自己孩子的教育焦虑过的请举手。看来占大部分。在座的有多少人至少想过让自己的孩子出国？非常多。为什么要问这样的问题？我想分享四个观点。

一、中国人太少了！听起来可能很矛盾。过去的十七年当中我有一半时间在美国工作和生活，当时我在麦肯锡做到全球董事合伙人。麦肯锡在美国有六百多位合伙人，而其中像我这样在接受完中国本科教育后出国的中国人只有两位。

后来我做到了盖茨基金会北京代表处首席代表。盖茨基金会是全球性组织，在全球有一千五百多人。农业作为脱贫减贫的重要途径，每年盖茨基金会在农业上的投资是四亿美金左右。我问基金会，中国作为一个农业大国，是全世界通过农业改革推进社会进步和脱贫减贫的典范，为什么没有人考虑中国的经验？他们回答了一句话："中国的经验不适用于其他国家，因为中国是'一党专政'。"

当时我非常无语，他们对中国的理解非常肤浅。为什么在这样一个全球性的组织中，对于与中国相关的基本事实的认知却存在着这么大的真空？

尽管中国已经是世界第二大经济体，在教育方面，我们还是比较“崇洋媚外”的，或者更愿意相信国际教育是更好的教育，但这种“崇洋媚外”并没有让我们作为一个人口和经济大国，培养出具有国际竞争力的领导人才。

二、未来不可预测！当下，教育当中最大的情绪是焦虑，为什么会有这种焦虑？很多有生意头脑的人会让你购买他们的产品，从而减少焦虑。回国以后我对教育的反思是，当下教育最大的问题就是“路径依赖”——无非就是两条路，高考或者出国。在这两条路之间，就是万丈深渊，你的孩子掉下去就会“万劫不复”，这是一个隐性的假设。实际上是这样的吗？事实上，在新中国刚建立的时候，教育并不是以这样的路径为指导的，但在当下的社会背景下，这个趋势却显得愈发明显。中国可能是世界上最奇葩的国家，两个最大的教育上市公司都是千亿美金的市值体量，全都是做课外辅导的。在钱的面前，好的理念其实会显得非常无力，因此我们的教育变得非常功利化。

三、学校太孤立了！教育是一个社会问题，需要全社会的贡献，但是我们太把学校的地位中心化了。事实上，在大多数情况下，学校是非常“孤岛性”地在运作。为什么十一学校的李希贵校长这么受大家的欢迎？因为他不一样。这么好的公立教育，我们能够想象的结果就是大量的人托各种各样的关系想进这所学校，于是成了一种变相的寻租。很多学校都有这样的现象。一方面，学校变成了社会中的另类寻租空间，另一方面，学校是非常“累”的，因为所有的教育压力都转嫁给了学校。教育是一个极具专业性的东西，里面可以包含所有人，每个人都可以对教育品头论足，但是，课程设计、激发孩子内驱力等方面对教育者的要求是极其高的，孩子的成长极大程度地受到教育者水平的限制。如果老师的水平很高，孩子就对自己的认知有谦卑感，就有更大的发展空间。家长对于教师的期待非常高，而大量的教师并没有得到充足的职业训练，所以对于教师这份职业的倦怠感普遍存在。

四、政府太累了！我觉得中国政府是世界上最能干的政府，所以我在盖茨基金会的工作中几乎百分之百的时间都在向国际社会宣扬中国这么多年来取得的巨大成就。过去两年我写了一本集子叫做《了解中国——Get Smart on China》，很大程度上是在和大家证明，我们不是他们理解的“一党专政”，中国政府其实充满了各种改革的意愿，并做了相当多的探索性的工作，非常了不起。所以中国在过去四十年当中取得了全世界人类历史上了不起的成就——我们有七亿人脱贫，大量肆虐的流行性疾病在中国版图上消失……但是，在社会领域，政府的全能在某种程度上又限制了很多事情的发展。我自己的行业是在医疗领域，过去的四十年当中，美国药监局批准了许多新药上市，有一个标准叫做1.1类新药（指尚未在世界其他地方上市的新药），中国大概占了十个左右，但实际上，从科学的角度来讲，没有一个是真正的创新。而且，在大量创新的抗癌药物中，没有一个来自于中国，如果不幸得了癌症，咱们都要到国外去看病。为什么会这样？一个重要原因就是政府机制，国外FDA（食品药品监督管理局）是备案制，我们是审批制。审批制的话，审批单位就要承担很大的责任。而如果是备案制的话，责任人在企业和创办人，所以就能有大量医药行业的创新。

在国外，教育领域和医疗领域都有大量的社会参与，在社会参与当中，政府管得太多就会导致活力缺失。在中国，真正想做创新的人要承受很大的压力，也需要在政策与创新之间寻找到一个平衡点。一土做了快两年，其实很困难。我经常会问自己，这是何苦呢，如何能够真正发挥社会的作用，让政府也不这么累。制定好的规则，真正让社会的活力得以激发，可能是一条需要探索的道路。

我们能做什么?

光吐槽是没有用的，我们能做什么？需要从教育实践开始推动改变。中国教育的核心挑战是“焦虑驱动”和“体系封闭”。焦虑驱动是由于教育市场一直弥漫着焦虑和恐惧的氛围，而家长因为“路径依赖”把教育视为工具，体系内的教师充满着普遍的职业倦怠感，体制外的社会精英都是批评家和逃离者。最终是教育生态的问题。

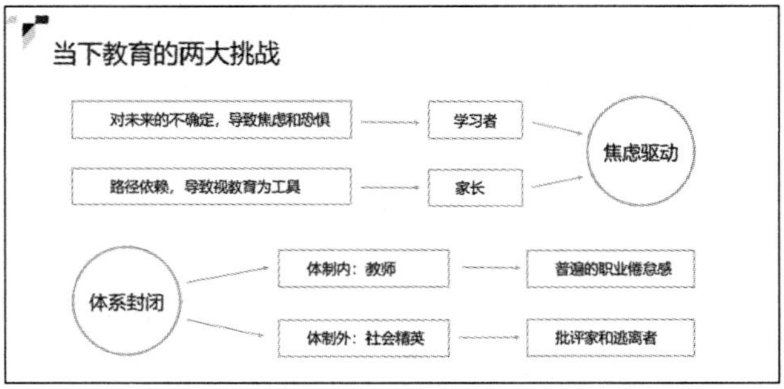

我们做的事情是希望能够聚集更多的力量来推动教育生态的改变，做面向未来的教育。在创新的体系中，做“以学生为中心的课堂”“以教师为中心的学校”和“以学校为中心的社区”。同时，在社区中集聚社会资源和意愿，创造改变，助力教育公平。所以我们希望做的是一场围绕教育的社会创新。

谈到学习的目的，如果从学生画像的角度来说，我们希望培养内心充盈、知道自己能做什么、擅长做什么的创造者。我曾经说过，一土正在做的是探寻教育的水下冰山。冰山最上面是知识和技能，这是看得见的东西，更重要的是下面看不见的东西，包括一个人的品格力量和最终的自我认知。

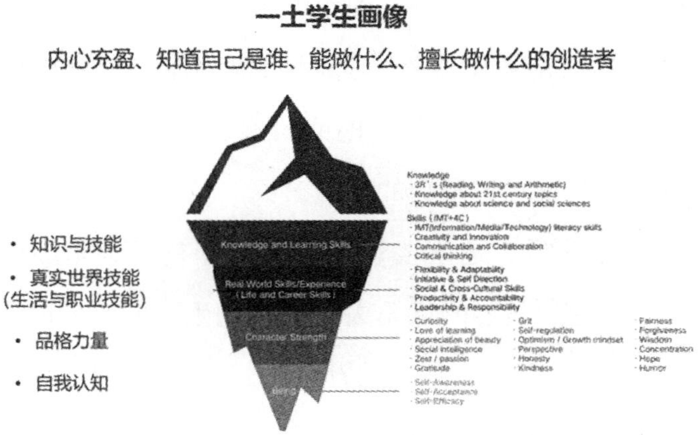

另一方面，我们如何对教育进行评估？对于一个教育机构而言，其商业规律很简单，比如说告诉你可测的东西——题会做了、考试成绩上去了——就可以收钱了，但这和培养人相差甚远。在一土的课程体系中，我们也做了这样的一个融合。我们有核心的学科技能，但在课程设计中，我们也试图实现跨学科融合，并在融合的过程中达到学科目标，同时实现真正意义上的学习。

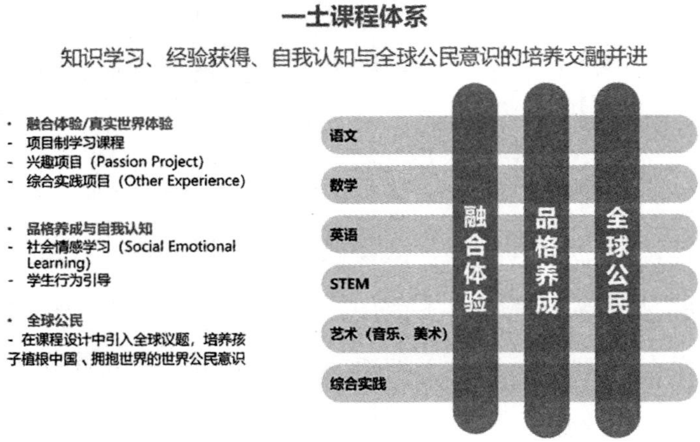

品格养成可以嵌在任何一门课中，不一定是单独的品德课。在我们的课堂中，如何用所学知识、通过团队协作来解决真实世界的问题，是无处不在的。围绕一土“根植中国、拥抱世界”的办学理念，我们重在培养具有核心竞争力的全球公民。这里不仅仅是培养“英文好”的孩子，更重要的是让孩子对这个世界有一个全面而深入的了解，用开放、平等和包容的视角去看待我们生活的世界的全貌。唯有这样，才能让我们的孩子未来在世界舞台上，更有力地发声。

孩子天生就是充盈的。孩子的笑容总会让我感觉到，他们对自己的认知是很小就有的，如何保持这种最本真的认知是我们教育的目的。好的教育是土壤，每个孩子都有生长的方向，我们能做的，就是把土壤准备好，让他们好好地“生根发芽”。

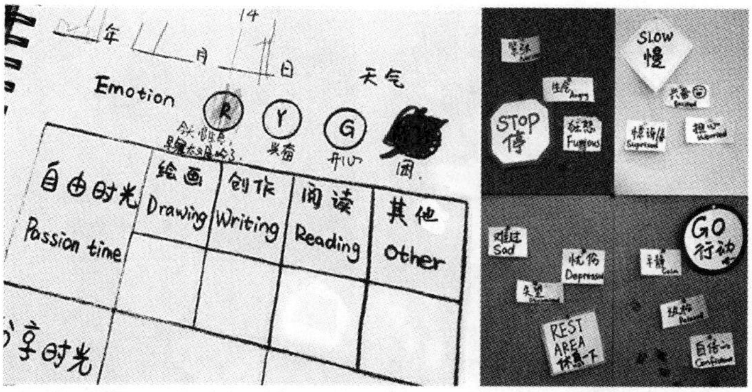

在一土，孩子们每天都会在晨会中认知自己的情绪并为自己设定目标，同时，在下午的总结中，去回顾目标的达成情况，以及可以继续努力的方向。

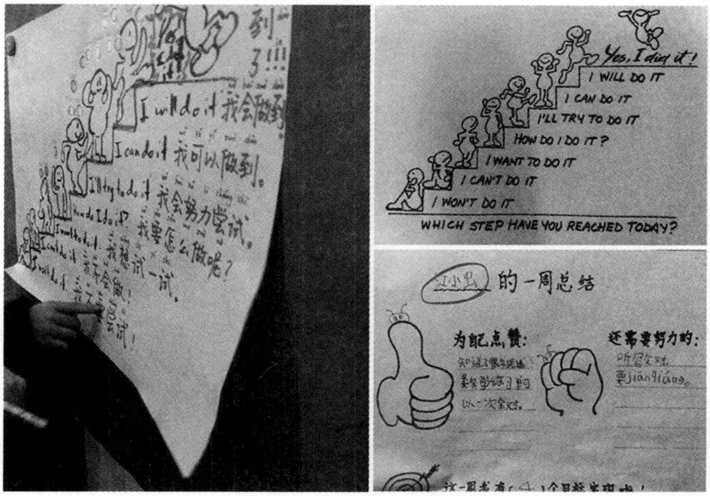

我们说到内心力量和学习力，其实最终就是内驱力，从I won't do it. 到I want to do it. 再到I did it. 这就是我们以激发和保护内驱力为灵魂的个性化教育。

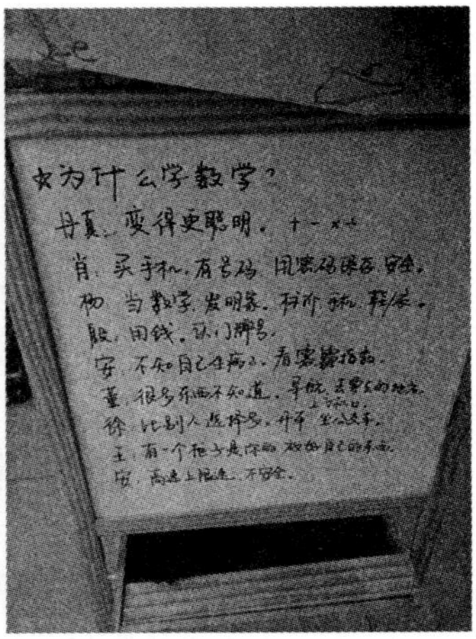

具体到教学现场，老师的角色不是知识的灌输者，而是一个“引导者”和“教练”，以激发孩子的内驱力。譬如在语文课上，老师和孩子们共同探讨“我们为什么要学语文”，并且绘制了一棵“语文学习树”，让孩子将自己希望在语文课学到的东西，以果实的方式写在树上，并且把自己的名字也写在上面。就这样，孩子们将“为什么学语文”的讨论内化成自己的目标，从而激发孩子对语文学习的内生动力。在这个过程中，第一设定了愿景和目标，第二开发了右脑，用画面的形式展示目标，这种对如何激发学生内驱力的深入的思考和巧妙的安排，在一土的课堂里屡见不鲜。

最近，中国教育界的泰斗级人物顾明远顾老来访一土，老师顺势将这次听课变成了顾老与学生的对话，鼓励孩子不仅要提出轻松小问题，还要争取提出有趣大问题。轻松小问题就是事实性的问题，有趣大问题是“为什么”的问题。

另外，在上个学期，我们开展了为期三个月的菜园项目，正式开始探索在小学低龄阶段引入跨学科融合的项目制学习。老师除了和孩子们一起亲手种菜，还在项目进展的过程中，融入了制定预算、客户体验等对接真实世界的内容。其中有一个环节，菜园的小苗被破坏了，于是老师带着学生去寻找原因，提出问题和猜想、设计实验去验证猜想，最后到提出解决办法。这是非常典型的科研思路。当时，我请了几位清华大学生命科学院的教授围绕这个项目和老师进行交流，教授们说，这就是典型的科学思维的训练。

除了现场教学，教育的核心命门实际上在于评估，高考也是评估。换言之，评估是整个教育体系的核心。如果我们想真正推动好的教育，肯定是要先改进我们的评估体系，从而更加全面地去评估学生，包括冰山下的那些东西，真正实现全人培养的目标。

在一土，我们会从多维度去评估学生的成长，包括针对学生的阶段性学科及非学科测评、个性化的评估方式、学生的多媒体档案袋，以及与第三方测评机构合作，客观评估学生综合能力的发展水平，反馈教学管理等。其中，在个性化的评估方式中，包括学期末的项目成果展示、在展示之后老师引导下的反思以及学生主导的家长会等。学生一方面在输出的过程中加深了对所学知识的理解，同时也是对“学习是我自己的事情”的不断强化。我们还会结合老师及家长在一土时空平台上的学生行为记录，形成学生阶段性的成长评估报告。

展示即评估

让每个学生都有机会展示自己的天赋

在这个过程中，**学生**得以：

- 有机会选择和决定展示什么
- 有机会选择和决定如何展示
- 有机会思考和发展自己的特长
- 有机会给予和获得来自伙伴的的反馈

学生主导家长会

让学生反思自己的学习，并确定自己未来的目标

在一土的期末的家长会上，向家长们汇报学习成果的是**学生自己**

在学生主导会议上，孩子们：

- 反思自己学到了什么和如何学习
- 分析自身的成功和不足，了解自身的学习风格和特点
- 确立自身的学习目标

得益于我自己跨界的背景，加之我对当下教育最核心问题的思考，我非常希望能通过做一土，将社会先进的认知引入基础教育，不仅仅是反哺学校，同时也期待能在更广和更深的层面去推动教育生态

的改变。

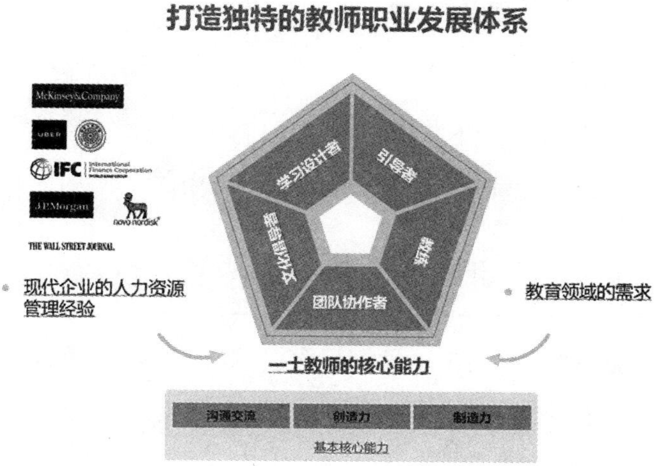

除了上面所说的如何在一土教学现场最大限度地激发课堂活力、调动学生对于学习的内驱力，在教师职业发展层面，我们还吸引了深谙企业培训的人才进入课堂，把脉教师从“术”到“道”的层面上的需求，给教师提供足够的职业和个人成长支持，将教师从充满职业倦怠感的教育服务的提供者转变为内心充盈的创造者。在校外，我们通过一个线上的家长学校社区平台，不仅吸引了7000多名来自全球的希望实现自我成长的家长，还吸引了许多家长教育领域的专家和资源，在各种分享和深度实践互动课程的落地中，将家长从焦虑的服务购买者变成终身学习的同行者。最后，用一土教育创新的理念号召更多的社会力量，将原本体制外的社会精英从批判者和逃离者变成参与者和行动者，真正用行动来推动教育生态向更健康和可持续的方向发展。

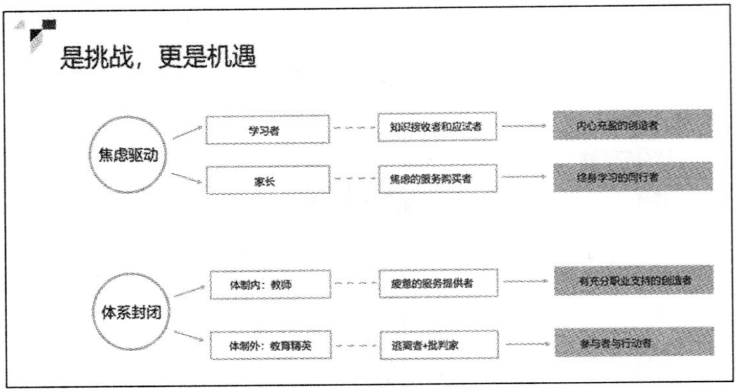

这是一条不好走的路，我们已经上路，并期待更多的人与我们同行。

互动对话

参与嘉宾：李希贵、石中英

提问：

请问李希贵老师，现在有一个非常火的PBL教学，您所推崇的方法和现在的PBL教学有什么异同？

李希贵：

对不起，我对所有的教学方法都不研究。但第一步是要明白学生，不要把目标放在老师心里。这个过程当中，学生要自己判断到了这个程度有没有实现这个任务本身确定的标准，这是非常重要的。我们一定要让不同的孩子有不同课程的目标。很多课程是面对永远都学不好数学的孩子开设的。有些孩子学了六年的数学，得分的还只是选择题，但最后有的孩子成了小提琴家。所以我们要让孩子有一段美好的数学学习时光，要有一个健康快乐的心态，长大了能干什么就可以干什么。

提问：

请问石中英老师，现在很多倡导的方法是让小孩回到自然当中，感受自然与人的关系，老师也在自然当中得到一些新的思考，而不是整天在教室里研究书上有的东西。这样的教育模式可能也和活力有关，在做这些事情的时候老师非常有活力和激情，孩子也非常开心，这样的自然教育模式和激发教育活力的关系是什么？

石中英：

人是自然的产物，也是自然的一部分。人与自然之间不仅有一种功利性的关系，也有一种心灵上的默契。自然教育应当是完整教育的组成部分，也是历史上教育家们一直重视的教育途径。西方的自然主义教育思想家、中国的道家，都特别重视发挥自然的教育价值。但是，我对您所说的自然教育模式确实了解很少，不知道它是否已经成为一种教育模式。尽管如此，我非常赞成一些学校让孩子和大自然有更近的距离、更多的接触和交流。这也符合孩子的天性，反映人的一部分本性——自然本性。

提问：

您认为应该如何激发老师和学生的活力？

石中英：

我看了一下会议的日程，接下来的很多主题发言会从学校组织的层面讨论怎样满足教师专业工作的需要和学生学习发展的需要，相信他们的答案更能够令你满意。这里我也想补充说明一下。根据前面对教育活力的定义和教育活力源泉的分析，激发老师和学生的活力，也要问问老师工作的内在目的是什么、学生学习的内在目的是什么、教师工作的本性是什么、学生学习的本性是什么，以及学校环境如何设计才能够更好地保障教师和学生按照自己劳动的本性去实现自己的内在目的。如果说，教师工作的内在目的就是教书育人、立德树人，那我们要看看现在学校的制度、氛围和资源配置是否优先保障教师去实现自己劳动的内在目的，一些与教师有关的制度安排是否影响了教师去实现这种内在目的。如果说，教师的工作是一项专业性的工作，那么我们要看一看，教师的专业自主权是否得到了明确的规定、切实的保护和有效的支持。总之，需要从学校内在环境分析入手，去为教师和学生活力的迸发创造适宜且充分的条件。

提问：

石中英老师，在您有关教育活力的源泉中谈到了三个维度，其中第三个是关系的维度，能不能请您再简要地从教育整个外部关系的角度来说说如何进一步释放教育活力？

石中英：

谢谢您！确实，对于教育系统或学校组织来说，追求内在的目的、按照教育本性和规律办教育，这些都是教育者自身的事情。但是，这并不是说，教育界可以孤立地、封闭地讨论教育活力问题。事实上，教育的内部环境与外部环境是相互作用的。教育系统或学校组织有时候之所以会出现偏离的内在目的、不能够反映教育本性或教育规律，外部原因主要还是体现在两个方面：一是外部环境不理解、不尊重教育事业的独特性、自主性，对教育内部事务干扰得太多；二是不支持办学者、教育者尊重教学和管理规律，追求教育的内在目的。自从1985年中共中央颁布《关于教育体制改革的决定》以来，我国教育界一直试图调整教育的体制机制，其实也就是调整教育的外部关系。三十多年来，我们在这方面出台了很多政策，在一些领域的认识也得到了澄清，实践中也有很大进步。但是，实事求是地说，我们不能说着眼于调整教育外部关系的体制机制改革任务已经完成了，甚至也不能说新的体制机制建设已经到位了。面向加快实现教育现代化、建设教育强国的战略要求，未来怎么样进一步深化教育体制机制改革，营造一个全社会共同支持教育改革创新的环境，进一步激发教育内部活力，这是值得进一步深入研究的重大问题。

释放高等教育办学活力

谢维和

中国教育三十人论坛成员

清华大学校务委员会副主任

中国高教体制改革的政策演变与分析

深化高等教育体制机制改革这个目标当然是要提高和加强高等学校的办学活力和内生动力，可以说这是提高办学质量的一个很重要的方面。而且，在实现这个目标时，我们心里都有这样的假设，也就是说，关键要协调好政府和学校的关系，主要的途径是政府的放权。为了能够更好地认识这个问题，我们从一个比较长的时间维度来考察中国高等教育体制机制政策的演变。对于教育政策的研究和分析来说，这种历史的维度是非常重要的，也是符合教育规律的。我们做教育研究，特别是体制价值政策研究的，没有这样一个历史维度是不行的。

中国高等教育体制政策的演变是怎么回事呢？我们主要根据国务院的文件进行分析。这里不能不回到1985年，那一年中共中央制定和颁发了《关于教育体制改革的决定》（以下简称《决定》）。《决定》指出，中国教育体制存在的“主要问题是在教育事业管理权限的划分上，政府有关部门对学校主要是对高等学校统得过死，使学校缺乏应有的活力；而政府应该加以管理的事情，又没有很好地管起来”。可以认为，从1985年高等教育改革开始，体制机制改革的任务就非常明确。所以，中央文件认为，要从根本上改变这种做法必须从教育体制入手，系统地改革管理体制，宏观管理坚决实行简政放权，肯定学校的办学自主权，提高学校的办学水平。

再看一看1993年国务院发布的《中国教育改革和发展纲要》，在座的有些人可能也参加了这个纲要的讨论。当时第十八条讲到深化高等教育体制改革的时候明确地说："深化高等教育体制改革。进行高等教育体制改革，主要是解决政府与高等学校、中央与地方、国家教委与中央各业务部门之间的关系，逐步建立政府宏观管理、学校面向社会自主办学的体制。"同时还指出："在政府与学校的关系上，要按照政事分开的原则，通过立法，明确高等学校的权利和义务，使高等学校真正成为面向社会自主办学的法人实体。要在招生、专业调整、机构设置、干部任免、经费使用、职称评定、工资分配和国际合作交流等方面，分别不同情况，进一步扩大高等学校的办学自主权。学校要善于行使自己的权力，承担应负的责任，建立起主动适应经济建设和社会发展需要的自我发展、自我约束的运行机制。政府要转变职能，由对学校的直接行政管理，转变为运用立法、拨款、规划、信息服务、政策指导和必要的行政手段，进行宏观管理。要重视和加强决策研究工作，建立有教育和社会各界专家参加的咨询、审议、评估等机构，对高等教育方针政策、发展战略和规划等提出咨询建议，形成民主的、科学的决策程序。"

五年以后我们再往下看，时间跨度大一点，到了2010年又有一个规划纲要出来了，即《中国教育中长期改革与发展规划纲要》。这里同样也是这么提的，它进一步指出："以简政放权和转变政府职能为重点，深化教育管理体制改革，提高公共教育服务水平。推进中央向地方放权、政府向学校放权，明确各级政府责任，规范学校办学行为，促进管办评分离，形成政事分开、权责明确、统筹协调、规范有序的教育管理体制。”当时我也有机会直接参与了这个规划的制定，在体制机制改革中非常强调政府与大学之间关系的进一步调整。

最近国务院又提出放管服的政策，这个政策是在2015年提出来的，也是供给侧结构性改革的重要举措之一。2015年是《国务院关于印发2015年推进简政放权放管结合转变政府职能工作方案的通知》（国发〔2015〕29号）；2016年是《国务院关于印发2016年推进简政放权放管结合优化服务改革工作要点的通知》（国发〔2016〕30号）；2017年就是《国务院办公厅关于印发全国深化简政放权放管结合优化服务改革电视电话会议重点任务分工方案的通知》（国办发〔2017〕57号）。一步一步地往下走。关键是国务院发了文件以后，教育部、财政部、人社部、中编办和发改委又联合下了一个文件，叫做《关于深化高等教育领域简政放权放管结合优化服务改革的若干意见》（教政法〔2017〕7号），即怎样具体落实国务院放管服的文件。这个文件比原来的文件进一步具体化，其中的内容非常广泛，包括学科专业设置机制、高校编制及岗位管理制度、用人环境、职称评审、薪酬分配、经费管理、内部治理、监督服务等等。

而最新的政策是今年9月下发的文件，叫做《中共中央国务院办公厅关于深化教育体制机制改革的意见》，进一步强调指出：“坚持放管服相结合。深化简政放权、放管结合、优化服务改革，把该放的权力坚决放下去，把该管的事项切实管住管好，加强事中事后监管，构建政府、学校、社会之间的新型关系。”

显然，三十多年来，中央国务院一直在强调这个改革。不可谓不多，不可谓说得不详细，在大学工作的同志只要稍微了解一些文件和政策的内涵，大家都可以看到。我们的体制改革始终在扣住这个点往下推进，也取得了很大的成绩。对这三十二年持续改革的政策，我个人觉得其中有这样几个特点：

首先是持续性，从改革开放初期关于教育体制改革，一直到现在都在做这件事情，这么多年的政策反反复复地在这个问题上浓墨重彩地去说、去制定各种具体举措，这说明什么？背后包含了一些什么样的含义？这充分说明这个问题的重要性，而且放权不大容易，也有难度，这里的原因真的挺复杂的。

其次是近年来这个政策的节奏越来越快，刚才给大家看的是放管服的政策，我自己在研究教育政策的经历当中很少看到这种情况，如此三令五申、紧锣密鼓。开始是方案，后面马上又是要点，再下面又是分工与具体实施意见，而且各个省又在制定放管服的细则，一步一步地抓落实，这个节奏是非常快的。

最后，从我自己研究的对比结果和历史上的政策内容，大家也可以发现，关于政府放权的力度是越来越大，尤其是教育部、中编办、财政部、发改委与人社部的文件里面，可以说是这些年在放权和给予学校自主权方面，从政府的角度看力度是最大的一次。

改革发展的趋势是非常明确和积极的，但困惑也仍然是存在的。为什么调整了三十年，讲了这么多，我们大学很多同志仍然感到缺乏自主权？有些大学的校长反映虽然政府也确实在不断地放权，可是他们的获得感不是很强，究竟是为什么？实事求是地说，近年来大学的自主权的确在不断扩大，我是20世纪90年代中期就在北师大做学校管理的工作，后来到首师大和清华，也在做学校的管理工作，和90年代相比，和当时从事大学管理的时候相比，自主权的确是扩大不少。但为什么现在还要进一步深化改革呢？为什么各种文件还是那么多？由此，我们要换一个角度想一想：高校的活力到底应该从哪里获得？过去我们对高校办学活力和体制改革的设想和假设是不是有不完善的地方？增强高校的活力是不是不能仅仅考虑来自于政府的放权？在扩大办学自主权的同时，是不是应该好好地考虑如何从市场当中获得办学的活力与发展的内生动力呢？换句话说，深化改革的目标就是推进治理能力和治理体系的现代化，这种高等教育的治理体系究竟是政府和学校的二元结构好还是政府、学校和市场的三元结构更好？今天更多的是提出这个问题。

这里，涉及高等学校如何“接招”。学校如果获得了一定的办学自主权，再跟政府要这个要那个，恐怕就有点问题了，人家就要说，我给了你权力你还找我，干脆把权力收回来吧。我们应该开拓与行业、市场和社会的联系与合作。实际上办学自主权就是一种空间，所以学校要完善自身的治理结构，调整学科专业结构。如何去适应社会、市场与行业企业的要求，扩大学校的办学空间，这也是大学本身需要考虑的问题。只有这样，我们的大学才能真正具有办学活力与内生动力，才能不断提高人才培养质量。

张民选

联合国教科文组织教师教育中心主任

上海师范大学原校长

顺势而为，突破发展

我的题目是“顺势而为，突破发展”，原来写的是“主动发展”，我觉得“主动”很难说，突破可以衡量，因此改成了这个题目。

在座的一定有人认识这个人，但是可能也有很多人不认识。告诉大家，这是一具木乃伊（上图右一）。这个学校大家认识吗？（上图中）告诉大家，它在伦敦，但“UCL”这个标志大家认识吗？University of College of London，伦敦大学学院。

查一查全世界一百强和英国的前十强，就可以看到，这个人叫边沁，功利主义政治经济学的代表。

在19世纪20年代的时候，当维多利亚时代来到，英国成为一个日不落帝国的时候，当牛津、剑桥不再能够满足社会发展的需要，这种要衡量人民幸福感的人，主张把所有的经验和学问都纳入到大学里面的人，主张不仅是相信英国国教的人，不管是男孩子还是女孩子，如果他们有愿望、有机会上大学，就应该为他们创造机会。

他就率领一批信众一起来为工业革命的时代创造一种不只是学哲学，不只是学天文、地理、数学、音乐，而是把政治经济学、造船航海学、现代工程技术学全部融到大学里面，所以人们说他是功利主义者。这是我最认同、最崇拜的西方教育家之一，因为他把自己的一生献给了伦敦大学，并且写下遗嘱：死了以后要让我的遗体为大学作最后的贡献，你们可以解剖。伦敦大学把他的遗体解剖了以后，用他的皮肤做成木乃伊，留下了看起来真实的外表，至今放在校长办公室的门口。

随后，帝国理工大学、曼彻斯特大学、利物浦大学都顺应历史的潮流成立了，成立之初的二三十年，甚至更长的增长周期，大学的质量有控制吗？能达到大学水平吗？所以要由学者衡量，过了二三十年真正成为一所大学以后，才可以从大学学院变成一所真正的大学，也就是说University of College变成了University，但是其不想改名，仍然叫做UCL。

人类的大学作为一类组织机构是最有生命力的，从1088年以后世界上出现第一所近代大学开始生生不息，整个过程当中不断地有新的形式和新的突破增长。

最早的是意大利的布隆尼亚大学，当时有一批学者汇集到这里觉得要办一所学校来学习。因为是学生创办的，所以这个学校叫做学生的大学。他们招聘老师决定校舍，然后说这样不行，要有老师的大学，于是巴黎大学成立了。我们应该建立老师的大学，让学生受到更好的教育，我们自己可以先学一步。牛津大学说不行，应该是教师和学生的共同体，于是最初的三所大学之母就出现在了我们的面前。

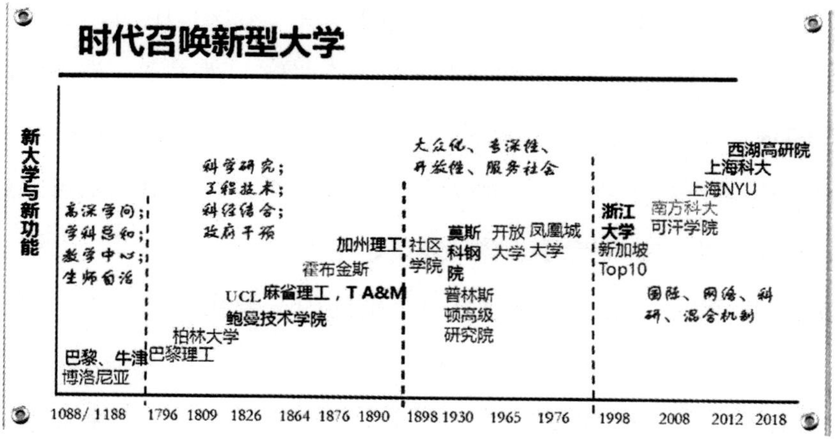

中世纪以后巴黎革命时期，拿破仑说原来这些大学是在玩学术游戏，社会需要军事家、科学家、数学家、各种各样的工程师，于是他们创办了巴黎理工。拿破仑为这所大学写下了名言：科学、祖国和荣誉。到了德意志帝国，他们需要科学与教育相结合，于是突破了原来的教育。1862年，沙皇时代，鲍曼技术学院出现了；1964年麻省理工学院来了。有人说所有的州立大学必须发展农业和机械工程，所以有了Agriculture和Manufacture；后来霍普金斯大学说要培养新的人，不仅要有本科生，还要有研究生；加州理工学院说不仅要研究民用的技术，还要研究高水平的科学。大学普及以后，还出现了社区学院。

我们不仅有本科的学生，还要有博士生，于是普林斯顿高级研究院出现了。到了20世纪60年代大家都来学，所以有开放大学出现，美国出现了凤凰城大学。

大学可不可以赚钱？可不可以让各个职业的人来学习、不断学习、不断晋升？如果他们愿意，为什么不可以？1998年出现了两个重要的事情，中国出现了一个成功的典型。今天不仅是中国，法国和英国也在把大学合起来，UCL把伦敦大学教育学院并进去了。新加坡说既然有UTC，为什么不可以把新的大学引到自己的国内？他们希望引进TOP10，世界上找十所最优秀的大学，这些大学人才的培养都可以适应新加坡的需要。2008年可汗学院来了，南方科技大学来了，上海纽约大学来了，可不可以在上海建立一个别的国家为我们创设的学校？上海科大来了、西湖高研院来了……

大学存在了一千多年，但是大学在发展的过程当中并不只是一个形态，它们的形态在不断地创新，它们的功能在不断地增多。最初的大学告诉我们在这里可以研究高深的学问，他们都是跨学科的，所以当时教授的知识可以说是学科的总和；大学最本质的能力就是育人，所以确定了“师生自治”的传统。

18世纪到19世纪又出现了新的发展，这个发展就是科学研究，工程技术、科学与经济发展的结合，政府开始干预。这里我们可以看到拿破仑的干预、普鲁士国王的干预和美国国会的干预。

到了19世纪、20世纪教育开始大众化，更加开放、更加强调服务社会。今天更加国际化、更加网络化、更加关注科研，所有的体制都在混合，如果要收学费的话当然也可以生产公共产品，所以整个过程当中人类顺应着时代的发展，让我们的大学越来越丰富。

这不由让我想起恩格斯说过的一段话，这段话会让我们办大学的人有点沮丧、悲哀和不服，但是却真的值得我们深思。恩格斯说："社会上一旦有技术上的需要，则这种需要会比十所大学更能把科学推向前进。"

办大学的人不要太沮丧，我们还是可以有主观能动性发挥我们的才能的。

如果我们的大学能够"顺势而为，突破发展"，我们就能够在更大的程度上满足社会发展的"需要"，更为积极、更有成效地推进科学、技术、人文和社会的进步！

我们的大学也才能够始终关注人的发展和培育，对知识、对人类的发展抱有终极关怀！

十九大以后开辟了一个新的时代，我们当然应该为此作出贡献。作为新时代科学技术创新、繁荣哲学社科、资政育人、人文交流、全球治理、带路建设、构建"人类命运共同体"的主力军，大学如何突破发展？这是所有大学都应该思考的。

一个完全新型的大学，像南方科技大学、上海纽约大学和西部大学，也许面对的问题更多的是寻找志同道合者，为新目标、用新机制、持之以恒、不断创新的问题。

"985""211"和今日之"双一流"大学，他们面对的问题可能是怎么运用雄厚的财政拨款，向外部（国内、国外）挖人，营造有利于人才安心工作、持续发展的环境，促进教师潜心治学、教书育人的机制建立，以求世界顶级学术和研究成果的问题。

那么，大量非“双一流”的普通高校能不能实现自己的突破？需不需要实现自己的突破？答案不需要我们去说，尽管我们可以找到一些例子：比如美国两所从前的师范学院——加州大学洛杉矶分校和波尔大学，当年都是两所很普通的师范学院，一所找到了突破口，成了今天世界高校最顶端的学校，还有一所依然名不见经传。我还知道凤凰城大学，源于亚利桑那州的一所社区学院，当年普通的学院，今天成为号称世界最大的盈利性大学。所以大学只要有突破的意愿，有需要，愿意改变原有发展路径，放弃“路径依赖”，就可以找到很多合适的方式。

相信在这个过程当中，一定会有大学通过突破发展，为人类作出更大的贡献，也通过突破发展而实现自身的转型、飞跃与新生！

小微学校与多样化办学

汤敏

中国教育三十人论坛成员

国务院参事室参事

友成企业家扶贫基金会常务副理事长

乡村小规模学校向何处去

提高农村小规模学校的教育质量，是防止贫困代际相传的重要内容之一。近来，我们从扶贫的角度参与了一部分小规模学校的调研。在这方面杨东平教授长期以来一直关注小规模学校的发展，是这方面真正的专家。

前往大凉山悬崖村小学的路上

上个月，我们到了全国人民都非常关心的大凉山悬崖村小学。过去这些孩子们要在悬崖上爬八百多米才能从学校回到村子。八百多米是什么概念呢？是三百多层楼的高度。今天，由县政府出资，从悬崖村小学到村里全部架起了钢管楼梯。但即使是钢管楼梯，要爬三百层楼也是很难的。所以这些悬崖村的孩子一年只能回几次家：过年、寒暑假才能回家。从小学一年级开始，他们就在学校里面住宿、上学。因为媒体的曝光，悬崖村小学得到了各方面的资助。一栋五层大楼已经盖好，下学期这些学生就可以从原来的小学校园搬到非常漂亮的学校里面，他们都非常高兴。

这只是全国十一万所学生人数在一百人以下的小规模学校当中的一所。与十年前相比，今天小规模学校的情况已经有了很大的改善。但整体上来说，小规模学校还处于中国教育的最底层，各方面的发展还不尽如人意。

小规模学校最大的问题是缺乏优秀教师的问题。优秀教师很难在小规模学校长期留下来。从去年开始，各地给乡村教师每月六百到两千块钱的补助，乡村学校的吸引力才稍微好一些了。但即使是这样，有中小学教师资格的毕业生一般优先选择县镇学校，很少到小规模学校。在农村中执教的优秀教师也不同程度地存在由小规模学校向乡镇学校流动、由乡镇学校向县城学校流动的倾向。

再者，除了语文和数学之外，农村小规模学校中其他课程的开设率都比较低。特别是音、体、美以及科学课这些不参加中高考的课，很多地方都没有老师开课。

在调研中我们也发现，教育资源倒挂现象依然严重。一些地方为满足县城或城市大班制的问题，将有限的教育资源集中向城镇倾斜，动辄投入好几亿元修建很高档次的中小学。事实上，城乡教育发展越不平衡，农村孩子流入城镇的就越多，城镇学校大班制的问题就更难以解决，反而走向恶性循环。

怎么办?

在调研中我们也看到了一些希望。在河南三门峡的贫困山区，我们到了一个只有七十名学生的小规模学校。这个学校原来开不出音乐、美术课，连英语也开不全。在沪江网互加计划的帮助下，现在学生可以通过互联网，直接上由上海优秀老师上的美术课、由美国加州一位老师在家里给他们开的英语课。这一方法通过互联网把优质的教育资源直接送到缺少老师，特别是缺少专业课老师的小规模学校中去。我们自己也在尝试与波音公司合作，把航空模型课送到十多个贫困县的小规模学校中去。孩子们在课堂上可以学习如何制作飞机模型。有了互联网，小规模学校碰到这些问题都有可能得到解决。这是小规模学校未来发展的希望。

美国加州一位老师给乡村学校的学生上英语课

除此之外，从今年下半年起，我们又开始了一个新的计划：乡村青年教师社会支持公益计划，简称“青椒计划”。我们联合了全国的三十多个互联网教育公司、教育学术机构以及公益机构，为战斗在乡村教育第一线的青年教师提供一年的培训。每星期两次课，每次一小时，通过网络直播的方式，让全国最好的培训老师直接对乡村教师进行培训。老师们就在手机和电脑上上课。目前全国有十八个省的两万多名乡村教师在参加这个“青椒计划”。对于刚刚入职的青年教师来说，这样的培训机会对他们来说是非常难得的。在培训中我们还引入了如洋葱数学、爱学堂等新型课程。这些课程完全做成卡通微课，然后提供给这些青年教师，让乡村小规模学校也能采取最新的方式来教学。

小规模学校未来会消亡吗？实际上，小规模学校不但不会消亡，很可能是未来教育相当重要，甚至是主要的形式。美国曾经就走过一段弯路。1957年苏联发射人造卫星以后，哈佛大学校长写了一篇文章，认为美国的学校规模太小了，教育质量不能保证，所以把大量的学校合并起来。到了90年代经过评估，发觉这种大规模的并校效果并不是很好，又把它重新拆散，变成小规模学校。

事实上，德国、英国、芬兰等欧洲国家小学的学生定额就是一百五十人左右，一条街上有两三个学校很普遍。我国台湾地区20年前开始的教育现代化运动，明确地把实现小班小校作为教育现代化的目标。

为此，我们建议有关部门尽快出台对农村小规模学校和乡村寄宿学校的系统性政策。建立小规模学校的办学基本标准，公共财政要优先保证小规模学校的教学需要。减少一些对那些超前的、动辄好几亿人民币的新建学校的投入，拿出一部分钱来，优先投入到小规模学校中去。

要花更大的气力、动员更多的资源来重点帮助小规模学校的教师，让他们安心在那里教书。可以考虑采取优秀教师到教学点轮流任教的制度。在农村学校支教两年以上的教师，优先评聘教师职称和专业技术岗位。根据实际需要，将班师比、校师比纳入综合考虑。即使学生数量少于二十人也应该配备两位及以上的教师。让优秀的教师和小规模学校的老师结对，形成帮扶制度，并长期坚持。

优先保障小规模学校的网络资源接入与利用。鼓励城市或社会资源针对小规模音、体、美等紧缺学科，通过“双师教学”“走教”“巡回教学”等方式支教，将优质教学资源提供给乡村学校。发挥小规模学校的独特优势，试点推行个性化、定制化教学。加强对小规模学校的教学质量监测，强化薄弱学科教学。

搭建社会共同参与的平台。建立及严格执行公平公正的农村小规模学校撤并程序。邀请教育公益机构、企业、地方政府等都来参与农村小规模学校建设，建立小规模学校的公益帮扶平台。

程介明

中国教育三十人论坛成员

香港大学原副校长、荣休教授

大教育：教育之社会动员

大环境：社会变了！世界乱了！科技汹涌而来！

一、社会变了！变得认不得了！

产品：从满足需要，变为营造欲望；

生产：从大量生产，变为量身定造、少量多款；

机构：从金字塔式的科层，变为一站式机构，小、扁、松散而脆弱；

职业：由“从一而终”，变为转工转行、间歇就业、失业后再创业、“啃老”。

总的来说，人的因素更加重要了。处处是道德操守的陷阱，个人面临的挑战——前所未有！

二、世界乱了！常规不再，常态不常！

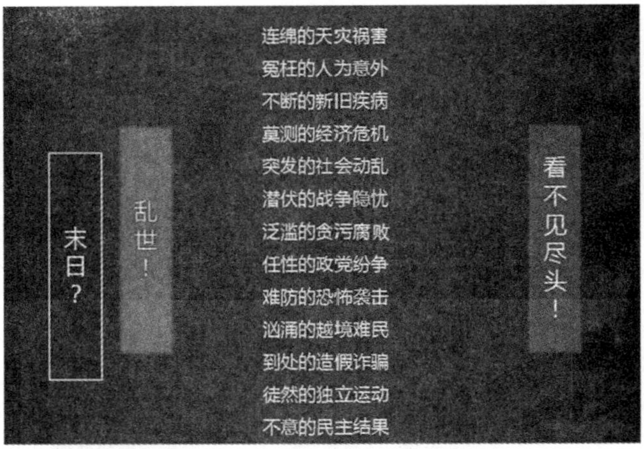

连绵的天灾祸害、冤枉的人为意外、不断的新旧疾病、莫测的经济危机；突发的社会动乱、潜伏的战争隐忧、泛滥的贪污腐败、任性的政党纷争；难防的恐怖袭击、汹涌的越境难民、到处的造假诈骗、徒然的独立运动、不意的民主结果……

这些乱象，也许是方兴未艾，二三十年不会回转。我们的下一代，必须比我们更加坚强。

三、科技汹涌而来！不由分说！措手不及！

这是纽约的名店大街第五大道。1900 年 4 月，马路上挤满的是马车；1913 年 3 月，短短的 13 年不到，挤满的是汽车。那还是发展缓慢的年代。

未来的第五大道，说不定哪一年挤满的都是无人驾驶的汽车。这一天会来得很快。这是说一个侧面。

总的来说：信息传递的渠道变了！人类沟通的形态变了！

大数据：新的社会运作；人工智能：新的人机关系；新媒体：新的人际交往；网络：新的社会组织；道德：新的操守标准……

大环境不一样了，教育也会不一样

四、不一样的教育！返璞归真 回归学习！

过去，在传统的工业社会：一技傍身、一纸文凭、一劳永逸、一

帆风顺、从一而终。

新时代：教育的多样化、学习的个人化。

关键在学习，但是我们的学习还很不够，必须要取经于学习科学。

学习科学的基本原理：人脑是可塑的，人的活动在塑造脑的发展。因此，人的经历是知识的基础。也就是说，知识不是外部输入的，是在人脑的内部形成的。因此，学习是个人化的：同样的事物，不同的人，会有不同的认识；同样的经历，不同的人，会形成不同的知识。此外，理解和使用是交叉互为因果的。因此，学习与实践不是分割的前后两个阶段。

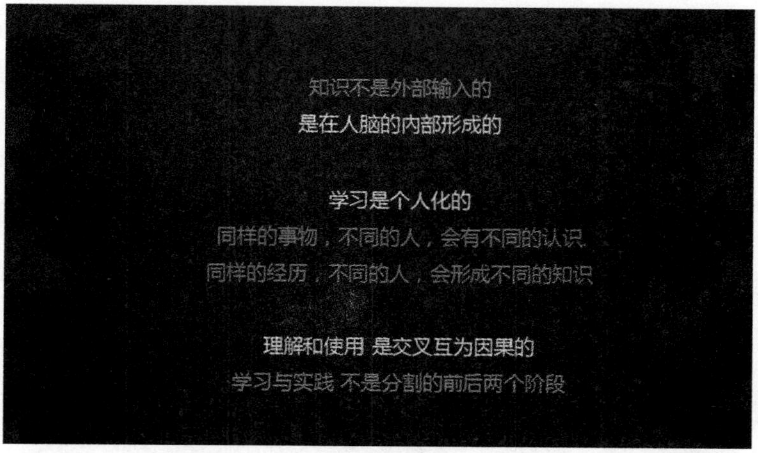

今天的学校体系，属于昨天的社会观念，工业社会的生产模式，大规模生产的框架，基本是划一的设计、划一的过程、划一的内容、划一的要求、划一的目标、划一的考评、划一的期望。这是今天教育与社会的根本矛盾。

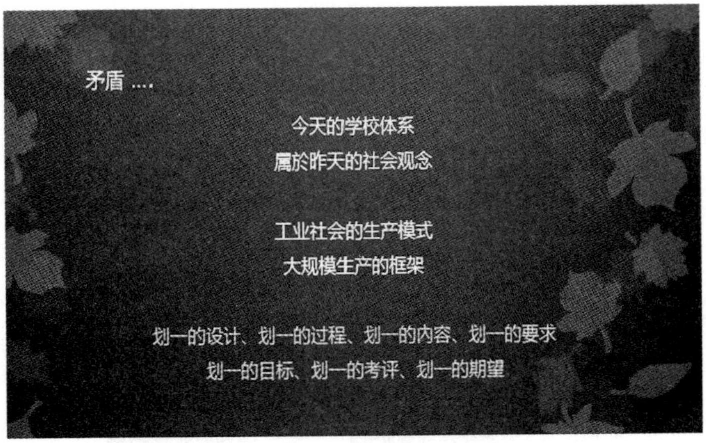

社会是多元的、丰富的、灿烂的。个人也是多样的、丰富的、灿烂的。这两大片丰富灿烂的大洲之间，连接的教育，却是一条狭窄的独木桥。学生学习的只有少数的几个科目，考评只靠几张试卷，几乎所有的经历都是在学校里面。

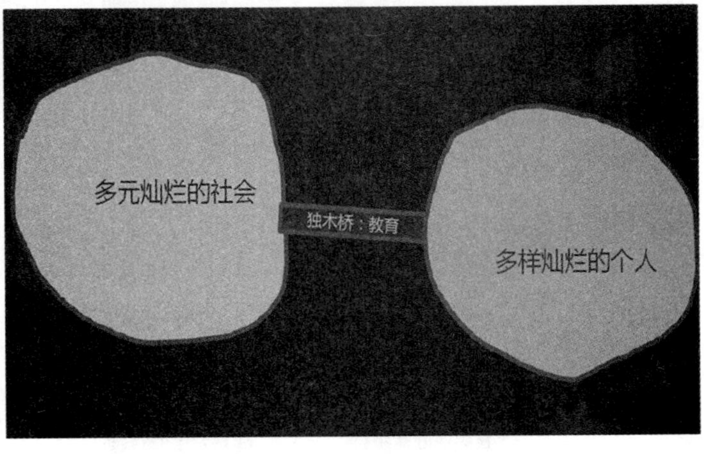

五、教育新起点：独木桥如何拓宽？

拓宽学习经历，压缩划一元素，应该是教育走向新时代的起点。

最近教育部提出：综合实践课程成为必修——考察探究、社会服务、设计制作、职业体验——很少国家有这样的政策，这是一个重要的里程碑。

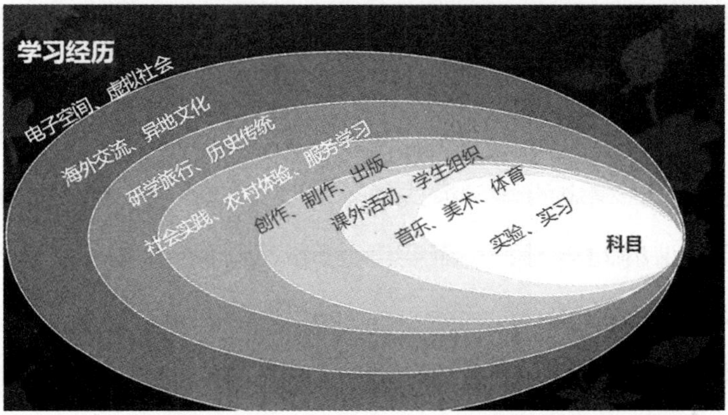

另类的学习经历，必然会愈来愈广泛。但是要提防以正规课程的思维，处理另类的经历。为此，必须摒弃“耕种模式”（种瓜得瓜、种豆得豆），改变“逢学必考”的思想习惯，允许存在多样的学习成果，发挥个人的优势，过程与成果同样重视，把品格成长放到核心位置，同时调动学校以外的社会伙伴。

六、香港的尝试

2016年，香港17位来自各界的人士组成的“教育2.1”倡议小组，提出“全民教育 全面发展 全民投入”的“大教育”概念，英文是：Education for All，All-round Education，All for Education.

“教育2.1”认为，教育的目的在于人的素质——学识、素养、品质、价值。

学识：例如持续学习、深入探究、综合使用、驾驭科技的能力等；

素养：例如群体合作、自省自理、跨越文化、灵活应变等；

品质：例如敢于创新、勇于承担、不避风险、兼容并包、坚持原则等；

价值：关爱舍予、公义和平、相信理性、平等公正、热爱自然、珍惜生命等。

这几方面，相应的学习模式很不一样，需要不同的学习经历。学识：主要是课内的学习，也需要广泛的阅历。素养和品质：主要靠工作和生活的体验和磨炼。价值：要靠潜移默化的影响——家庭的熏陶、学校的文化、教师的身教。值得注意的是，无论哪个方面，媒体都起着非常显著的作用。

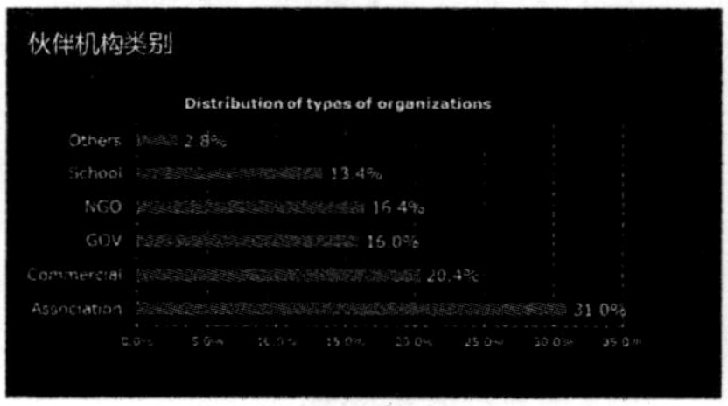

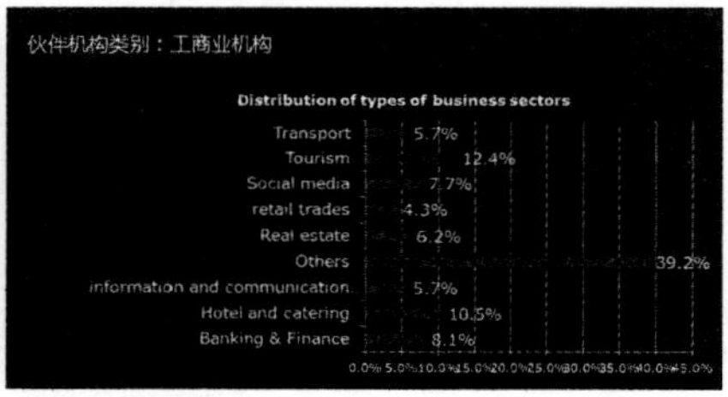

2016年，“教育2.1”做了一项228所学校参与（中、小、幼、特）的抽样调查，调查发现平均每所学校，有9.8个项目，是学校与校外机构伙伴举办的，涉及的校外机构有1025个，包括商业机构、社会组织、高教院校、宗教团体等。

项目的品种非常多元，但大多数都不是在校内发生的。

这是在没有政府政策的情况下由学校与校外机构自发组织的，说明：教育不再局限在校内，学生提前经历社会；教育被全社会关注，需要全社会的投入。意想不到的是，参加的校外机构，都以能够参与和贡献为傲。

在可以看到的未来，学校仍然是学生学习的枢纽，但要掌握愈来愈复杂的学习经历，学校的资源就显得远远不足。教师仍然是学生学习的关键，但教师角色必须转变。

结语

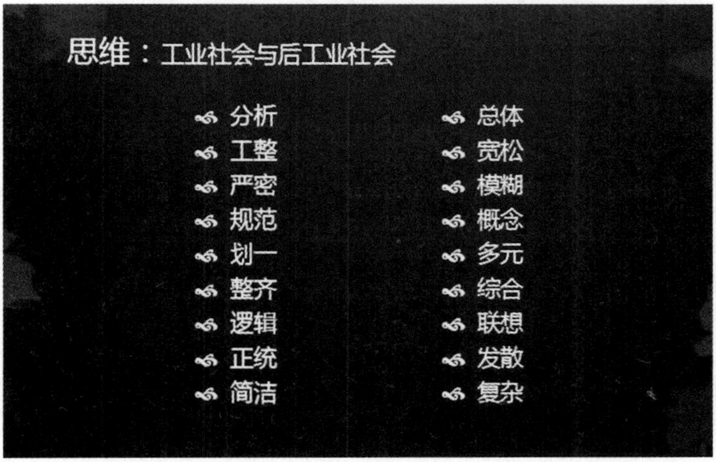

传统的工业社会正在逐渐退出历史舞台，人的思维也发生了变化。在传统的工业社会，人们讲究的是：分析、工整、严密、规范、划一、整齐、逻辑、正统、简洁；现在的社会，人们的思维倾向是总体、宽松、模糊、概念、多元、综合、联想、发散、复杂。

社会变了，变得很厉害，新的挑战还在不断地到来。传统的教育走不下去了，我们不主动改变，总有一天，社会会逼着我们改变。

谢谢！

张冬青

日日新学堂校长、创始人

一路芬芳——日日新生长记

我有两个女儿。通过我大女儿的上学经历和我做老师的经历，我深深地感受到我们的教育缺少爱与美。我在大女儿小的时候，给她读《爱的教育》，我被书里描述的教育之爱所感动；读《彼得·潘》，我被作者对儿童的理解而感动，这理解的背后也是爱。大女儿上小学时，有一次考看图填空，女儿填的是：看啊看啊，小鸟在飞。被打叉扣分。我不得其解。后来和同学对了答案才知道，答案只能写：小鸟在飞。我大女儿活泼的语感随着分数的增加而减损。这样的学习没有美感，也没有爱。所以，我们在2006年，在二女儿即将上小学的时候，我和我的先生联合了另外三个家庭，创办了一所学校，叫日日新学堂。

“日日新学堂”的题写就来自于孩子

取名“日日新”，包含了我们对自己的期许。名字是我先生取的，我们希望这个学校既有古老的传承，又是新的、不断生长的。

校歌是我写的：日出东方，彩云为裳。雄浑壮丽，化育万方。百鸟齐鸣，百花共放。灼灼其华，朗耀文章。我辈幼童，志高趣广。天真质朴，啜饮春芳。以爱为基，以美为径。智慧自由，惟颂惟扬。

2006年的时候，我们没有办学经验，没有资金，没有老师，但我们有四个孩子，我们有办一个让孩子们喜欢的学校、让孩子们能正向成长的学校的理想。我们众筹了四万元，非常幸运地遇到了我们的第一位老师——崔老师。到2006年9月，四个孩子、一位老师的日日新学堂成立了。我们在回龙观田园风光租了一套三居室。

图片上就是这套三居室。这就是我们的崔老师，她带的班级叫润德班。

在这里我们待了三年，孩子变多了，从四个变成二十六个，分三个班，我们又租了两套三居室。给孩子们开设的课程有：文字汇解、儿童文学、课堂剧、音乐、美术、武术等，还有游戏与游学。

文字汇解课是一门识字课程，是语文课的一部分。现行的语文课有诸多遗憾，其中之一就是文字符号化，忽视了文字的文化本质、历史演变、鲜活的个性及音韵形态之美。日日新的语文课首先要正本溯源。让字的深远灵魂与孩童的天真自然而然地融合。让高度形式化的文字显现出它初生的秘密和源远流长的演变；让独特的汉字之美内化于儿童的生命成长。文字，就是从文到字的过程，即从象形的图画到抽象成字的过程；从甲骨文、金文、篆书、隶书、楷书到简体字的历史演化过程。这个过程也是儿童思维发展的过程。汇解，指的是汇集对所学文字的解读，除了字义的汇解，还有相关的神话、故事、史料、传说的融汇，既有趣味性——因为趣味性对于儿童最重要，又能积淀文化底蕴，还能激发儿童丰富的联想，以及构建思维格局。

在这里我们还构建了自己的理念：自然而然的教育。一、尊重儿童成长的自然性。二、尊重儿童成长的模糊性和隐秘性。三、尊重儿童成长的自主性。

孩子们很快长高了，像小蚕需要蜕变一样，三居室明显变小了，我们渴望有一个校园，一块三五亩地大的地方。

于是，我们遇到了天趣园。

天趣园在小沙河村最北面，杨东平老师去过，近邻小沙河。第一次遇见小沙河，是周末的一天，穿过陌生、静谧的小沙河村，突然一条宽阔的河流惊现眼前。那天风很大，河水灰绿，澎湃中白浪迭起。那时我暗想，如果日日新能安身河边，孩子们乘船上学，那是何等浪漫！自从创办了日日新，我就魔怔了，无论走到哪里，都会设想日日新若在这里会如何如何。

2008年春，我们租下了天趣园。那时它是一个破败的院落，一片废墟。那一年发生了汶川地震，举办了奥运会。直到10月我们才得以施工建设。记得奠基典礼是在10月11日举行的。那一天，湛蓝的天空高且远，阳光璀璨，我脱口而出：打开一道光芒，我走进日日新学堂。

在这里我们构建了我们的教学。我们自己编写课本，发明课程，比如茶语茶风课、博物通识课等等。我们爱老师，老师爱孩子，爱，就是尊重与信任。我们用爱与美育滋养这个校园。我们的校园拥有很多传统：诗歌月、草地音乐节、运动会、戏剧节、美术展、欢乐颂等等。

2017年9月23日，依然是天清气爽，但天趣园即将被拆除。校友们为了告别而欢聚。我们的理想是深耕一块土地，日日维新，年年守故。我们将拆迁的悲哀沉进意识深处，让美好的回忆在记忆中显现，让雄伟的希望成为今天的旋律。

告别会是快乐的，老师和孩子们都露出明媚的笑脸。我们用房子

里拆下来的木片刻上学堂的名字作为纪念品。大家应该会担心：拆迁了，你们去哪里呢？

早在2012年，我们就幸运地拥有了渥丘园，一个150亩地的大果园。我们的小学和中学搬进了渥丘园，幼儿园留在了天趣园。渥丘园非常美丽。这里真是孩子们的乐园。

这里土多，树多。我们认为每一个生命都是一颗种子，需要种在土地里。成人总认为孩子是一张白纸。白纸的说法不知起自何时、源自何处，却流传甚广。创造这种说法的人对儿童是怀有敬意的，觉得儿童天真纯洁，提醒成人要慎重对待。久而久之，没有思考就使用这一说法的人，对儿童的看法有了一层轻视，觉得他们什么都不懂。所以这一句话可以产生两层意思：孩子是一张白纸，我们要谨慎地去画；孩子是一张白纸，任由我们涂画。不管你是谨慎画还是任意画，这个说法都是错的，它忽视了孩子的主体性。孩子是一个完整的生命个体，按荣格的解释，孩子的生命基因里有父母的遗传、父母背后的两个家族的遗传、种族的遗传、动物的遗传、前动物期的遗传……每一个生命都是具足的。儿童有自己的成长密码，儿童学习的过程是一个发现的过程。教育就是提供一个有更多发现机会的环境。应试教育的愚蠢就是堵塞了孩子们发现的机会和欲望。如果你信任孩子，就要相信每个孩子都有才能，都有自己的前途，就不能用一个标准去衡量孩子，更何况全社会用统一的标准衡量孩子。

基础教育的责任是要培养两个基础，一个是人格基础，一个是感知觉的能力。人格基础即价值观；感知觉的能力包含对情感的感受力、对自然的感受力、对美的感受力、对知识的感受力。这些精神的滋养需要丰富的校园生活和自然、美丽的校园环境提供。

课程也得是美的。不是形式有什么美貌，而是善良和理性的并存。我们的语文课本中有一篇课文《呆子堵洞》。呆子住的房子墙上有个洞，冷风吹进来，他担心生病，于是拆东墙补西墙地忙活了一夜，还是没有明白为什么老修不好。学习这篇课文既要明白拆东墙补西墙的愚，也要理解呆子的可爱，学会宽容与幽默。孩子们为呆子找到了五个优点：一、爱护自己的身体。二、积极想办法。三、说干就干，不拖沓。四、坚持到底不放弃。五、认真做事。

孩子们在这里是自在的、自由的，心灵是敞开的。因为这里是真实的。怎么实现真实的？得先实现平等。

唯有真实才会成长，唯有自由才会创造。

有人说自由不就无序了？有人在论证自由与规则的度。两者不是对立关系，不存在没有规则的自由。随心所欲不逾矩就是最好的表达。

每年一年级的新生都有敲响日日新大门的开学仪式。校长问：是谁敲响了日日新的大门，孩子们大声说出自己的名字，然后校长开门迎接……

孩子们进了这扇门做什么呢？学习、游戏、交朋友、闹矛盾、摔跤、哭泣、说悄悄话、收藏宝贝，还会当花童……

照片中的老师在学堂的草地上举办婚礼，一个是我们的语文老师，一个是数学老师，身边的花童都是他们教过的孩子们。旁边的小图是他们今年出生的儿子。

总之，日日新的老师们、孩子们在创造自己的生活。

日日新的孩子们人格成长得非常健康。他们收获的是自主的成长。这说起来很玄，其实做起来不难。举一个例子：

入冬后的一个周一，雾霾严重，于是取消户外游戏。一年级的一位同学课间时来到大车老师（校长）办公室，走到大车身边悠悠地说："今天该我们跳蹦蹦床，可是今天不能跳了。（跳蹦蹦床的规则是一天一个年级跳）如果明天天气好了，我觉得也不能我们去跳，还是二年级去跳，不能交换对不对？"孩子说的时候，明显非常失落，是自己的理性和情感在对话，感情上希望失去的机会可以补回来，理性上的思考却很有逻辑。大车说："你说的很对，如果一换时间，周二换成一年级跳……"孩子接着说："那周三就换成二年级跳，周四就……时间长了就记不清了。"我补充说："万一又有雾霾了呢？"孩子说："那就更乱了。"说完，孩子高兴地走了。

我观察到，孩子的心理活动都呈现在表情和神态里了。孩子为什么找大车，大车在孩子心目中是一个非常亲切的权威，他们（从表达中感觉孩子来不是代表一个人，孩子们私下里有讨论）跳不了蹦蹦床很失落，他们想如果第二天天气好了是不是可以补回失去的今天的权利，但第二天应该二年级同学跳了，岂不是矛盾了？来找大车校长，是因为孩子想获得两个支持，以及明确一个道理。一个支持是补回跳蹦蹦床的机会，但他们也觉得这样不对，因为第二天二年级怎么办？所以，自己的损失不能弥补。于是他们需要另一个支持，肯定他们的推理，明确这样思想的正确。孩子了不起，这样决定放弃是需要力量的，这就是理性的力量。这个力量生长得很真实，因为它不是来自说教——比如说：我们要讲规则；也不是来自道德指引——比如说：我们要懂得谦让。它来自事情本身的逻辑：一年级占了周二的时间，二年级就得占周三的时间，三年级就得占周四的时间……五年级就没时间了，要不就得永远错下去。而万一哪天又有雾霾了或者下大雨了，规律就全乱了。孩子的推理得到成人认可，这理性的力量就充实在内心了，不能跳蹦蹦床的暂时的失落感也就消失了。

日日新11岁零3个月了，迎来的是天真，留下的是浪漫，送走的是才子佳人。

今年我们有一个毕业生考入了李希贵老师的十一学校实验班，去年有一个毕业生考进十一学校的龙樾分校。我们有60多个小学毕业生了，现在在校生共有300多名。

孩子们的班级都有自己的名字：天萌、童萌、稚萌、开蒙、悦蒙、慧蒙、正蒙、泽蒙、允德、成德、嘉德、润德、绍德、尚德、咏德、宣德、崇德、景德、纪德、熙德、都德、康德、歌德、明德、喻德、致知、原知、行知……每个班的名字在孩子们毕业后就给了新生，因此就有了润德二世、嘉德二世……

日日新得到了社会的关爱，在座的杨东平老师、朱永新老师、康健老师都很支持我们，谢谢你们！

谢谢大家！

康健

北大附中原校长

明悦学校顾问校长

明悦：中国小而新的教育

其实我是从村里来的，见到这么高大上的场面还是有点战战兢兢，如果表达得不清楚，请大家原谅。我原来的演讲题目是“明悦：小而新”，但是大家讨论以后觉得还是特别想强调“中国”小而新的教育。

说到教育，原来我挺消极的，觉得应试教育很难破，而且现在又有集团办学、连锁办学，好像千校一面越来越严重了，觉得挺灰心的。我在北大附中做了八年校长，在大学教了一辈子书，但是感觉对偏远乡村欠了很多债。退休之后，我决定到乡村救赎自己，到村里去办学校，走向最边缘，沉到草根处。

最近三年来，我办了两个学校。一个是在乡村，就是我在做美丽中国首席教育官的时候，在分众传媒帮助下，我创办了第一所美丽小学。一百多个孩子，全世界各地招募了十四个老师跟我一块儿进村。现在这个学校还在发展，我们又有了第二所小学。这第二所学校就是今天我要讲的“明悦教育”，虽然它创办在城市，但它与第一所学校几乎是同时起步，又都建立在一个相同的根基之上。

这个根基是什么呢？在今天的演讲中，“根基”是我的思想的核心、强调的重点。

明悦者，大学之道，在明明德；故，近者悦，远者来而已也！明悦是一个小而明亮的学校，不大的校园，明亮而宽敞，精致而环保，里面有农田、兔窝、果树和小的操场，建校标准很高。我们敢让大家看学校的每一个角落，特别是我们的厕所，绝对做到一尘不染。如果能够在我们学校找到垃圾，我们会非常感谢你，明悦是零废弃、零垃圾的标准，全国最“绿”的学校。

明悦到底因何而生？

我们现在主流教育的学制是6+3+3，它是一百年前的舶来品。一百年前我们用西方的学制与课程体系替代了中国传统的教育，实现了中国教育的第一次大开放。其积极意义是不容置疑的。但是，全盘西化就成了另外一种持续的担忧。这种舶来的“西服”一直穿了一百多年。后来又转化成了单一公办体制，千校一面的格局严重伤害了办学生态。

从清末到民初，从民国到新中国，蔡元培、陶行知、陈鹤琴等很多的教育家都在力图实现教育的中国化，努力为中国孩子的成长定制一套新的学制、新的课程和新的教育方式，但是都十分艰难。教育中国化的自信并没有完全建立起来，中国教育改革试验的政策和氛围一直未能得到充分解放。

三十年来，出现了多样化的民间学校，再次呈现出“学在四夷”的新端倪。从根本上讲是在冲击旧的办学体制，改变教育生态，以适应社会和世界已经发生的巨大变化，以迎接未来变幻莫测的挑战。

可谓：周虽旧邦，其命维新。

明悦到底是什么样的学校？

民间学校现在大概分成三类：一类是寄生于应试教育，因为主流学校还存在强大的应试主义，很多人就是靠它吃饭；一类是舶来的，现在很多国际学校实际是外国学校；还有第三类，像明悦这样的新学校，它主要有以下三个特点：

首先，明悦特别强调中国文化的根基，要做一所真正中国人的学校。这个根基当然首先是注重中国文化和思想根基，我们最起码要知道写好中国字、读好中国书、说好中国话、书好中国文、做好中国人、留住中国心。这是作为中国的学校最起码的原则。

其次，明悦对当下的教育弊端，在办学的目标、体系和评价的标准等方面都有自己独立的思考，并不是依附任何一个体制，或者做一些补救。核心点在于重新确立以人为本、以生命为根基的办学理念；重新确立以全人的发展规律、以全人的成长和学习需求为课程的基本依据。

第三个特点就是小，“小”恰恰是非常重要的特点。“小而美”是世界未来教育发展的一个大的方向。

明悦校训

下面，我重点谈谈明悦围绕中国文化和全人教育这两个根基的教育系统。

我们为明悦的孩子打造的教育就是强调三点：回归生命、回归生活和回归生态。

从孩子的生长规律和生长需求讲，小学需要六年吗？初中三年和高中三年，我们花了多少时间去做应试？现在6+3+3学制对中国孩子来说早已不适用了，但是目前还没有办法打破！明悦从一开始就树立了创办5+5+2新制学校的志向。

我们强调真实情况下和复杂环境下的学习，强调生活态度和生活技能的培养。这就是我们设计的同心圆课程结构体系。身心健康、思维训练方面，我们有非常精细化的教学设计。但是，我们会把它看作一个可持续发展的系统过程。

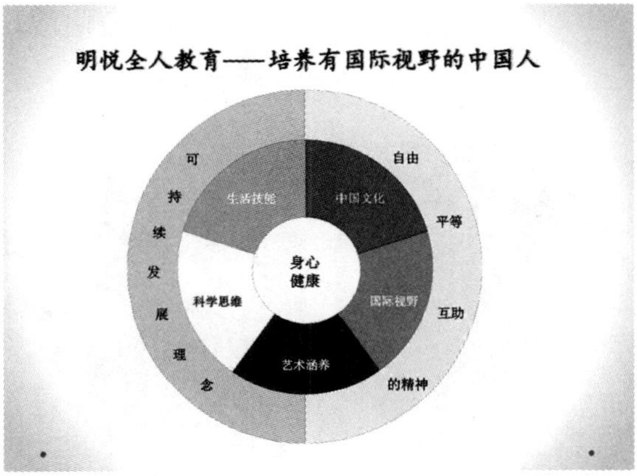

我们非常在意师生关系，师生关系就是未来的社会，师生关系就是今天的教育质量，师生关系就是我们的价值观。所以，明悦以师生关系为核心来加强管理方面的建设，这就是我们实行导师制的原因。

现在很多学校从老师到学生有各种各样的复杂条规和纪律。明悦在创校时，我们是零起点，不认可过去所谓的规则和条例，而是在需要的时候才和孩子一起建立。通过导师制，师生关系发生了很大的变化。

小学校都能做什么？

明悦教育是小而新的，为什么小的学校、小的班级教育组织才可以代表未来呢？现在五千，甚至一万人的学校我不认为可以办成现代意义上的好学校，但是一个小学校，可以关注个体和个性化的成长和学习。因为小规模教学，意味着师生相识、师生相亲新型关系，意味着每一个人可以最充分、公平地分享教育资源和成长机会，意味着最大限度地使用学校教育的时间和空间，自由地选择适合的教学方式和学习方式，意味着深度的学习和人格深度影响力，意味着可以遵照教育本来的方式和节奏，该快就快、该慢就慢、该停就停，循序渐进，优悠而至道。

明悦虽小，但有一个大课堂，我们强调在成长中学习、在生活中学习、在社会中学习、在世界中学习。我们每周都有一天的时间外出实践学习，每学期都有一次国内和国际游学。“学校无小事，事事都育人”，首先利用好身边的生活资源是我们的重要原则之一。

明悦学校虽小，但是很生动活泼，我们可以参加国际艺术交流，开展深入的科学教育并连续获奖，也可以做很多生态的课程和讲座，向家庭和社会宣传我们的生态理念。

二年级孩子们这个学期学习主题是动物，他们去昆虫博物馆，获得关于昆虫的一手资料

三年级孩子这个学期的学习主题是中国人的衣食住行，去服装博物馆学习中国人的“衣”

在中华小吃博物馆参观学习

四年级孩子游学去西安实地丈量大明宫含元殿的台基面积

学校的垃圾回收分类

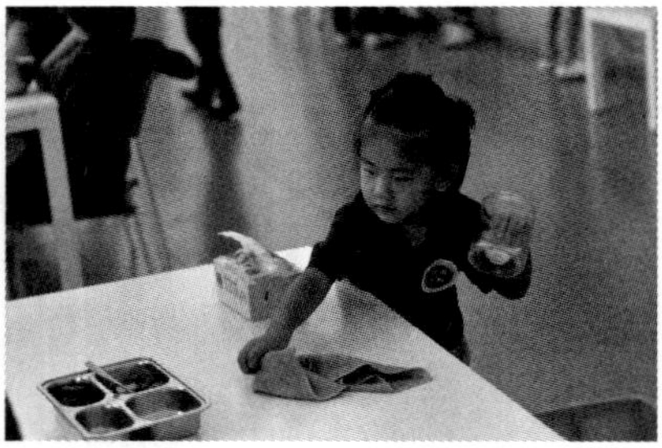

从启蒙班开始，孩子们每天都要自己整理环境

合抱之木，生于毫末。明悦是无障碍的学制、融通的课程、自主的管理、主题的学习和定制的成长，这是明悦办学的系统。明悦虽然是小学校，但是有大志向：学在中华，中国人可以创办最好的学校。学著辟雍，我们可以和名校、大校相媲美。

我们每天都在捍卫和精心呵护儿童生命的根基，而不问未来有没有暴风雨。我认为这是为迎接未来做的准备，以不变应万变的教育哲学。

互动对话

参与嘉宾：汤敏、张冬青

提问：

请问汤敏老师，远程教育和现在的互联网教育是否异曲同工？师资力量建设应该怎样把握？

汤敏：

我认为互联网教育和远程教育应该只是名字不同而已。当然，不同的时期，远程教育的方法与内容可能会有所不同。对于乡村学校来说，一是继续提供乡村教师的待遇，二是加强有效的培训。这里，“有效”两个字很重要。

提问：

汤敏老师，刚才说有些地方的老师流动性很大，如何解决呢？

汤敏：

首先要让老师有发展前途，如果看不到希望，收入又不高，地方又比较艰苦，要想乡村教师长期安心工作就比较难。我并不反对乡村教师有一定的流动，但要有序，老师流出时，要保证有优秀的老师流入。

提问：

汤敏老师，我的一个同事是师范大学的博士，您刚才提到社会平台共同促进乡村教育，那如何使用这些社会平台来帮助乡村教育？

汤敏：

帮助乡村教育的社会平台很多，参与这些平台的方式也很多。比如各地都有一些支持乡村教育的社会组织，他们都很需要志愿者的参与。还有一些由大学生、退休老师，包括在职老师组织起来的“送教下乡”的短期的支教活动。参与教育的社会组织很多，但存在一个问题，就是大家都在单打独斗，各自为战。这样造成了资源的浪费，同时影响力很小。所以我们组织的“青椒计划”就是想创造一种模式，把大家的资源整合起来，通过分工合作，配合政府，大家一起来推动乡村教育的改善。

提问：

请问张冬青老师，日日新学堂是如何跟社会接轨的？

张冬青：

我们的学习是涵盖新课标的，语数外都要学。数学用的就是公立教材，英语是自选教材，语文是自编教材。在学习上，我们与体制内学校并不矛盾，只是学习方式不同，不以应试为目的。

教育家办学：现实与未来

李镇西

中国教育三十人论坛成员

中学特级教师

成都市武侯实验中学原校长

教育家的翅膀呼唤自由的天空

大家好!

听了张冬青老师讲日日新学堂的故事，还有刚才康健老师讲他的明悦学校的故事，以及上午一诺老师讲她的一土学校的故事，我和大家一样，非常感动，也很感慨，还有几分悲凉：这么美好的学校，为什么都是“非法”的？中国教育的创新为什么都是“非法学校”在搞？为什么公办学校不能进行这样的教育创新呢？当然，也有公办学校富有创新活力，比如北京十一学校。但北京十一学校的改革成功有不少特殊原因，这和李希贵校长的个人因素有很大的关系，可以说这不是公办学校的常态。我们需要的是一种机制，这种机制能让所有公办学校的校长也能创新，或者说让所有公办学校都能拥有改革创新的那种“常态”。所以，我今天的题目“教育家的翅膀呼唤自由的天空”，主要是针对公办学校说的。

大家看这张照片，这是我和朱永新老师七年前与这位女士的合影。由于众所周知的原因，我不便在这里公开她的名字，不过我估计在座有不少人是知道她的。她实在是太牛了。我说她“牛”，是因为她本人是一位杰出的校长，但今年却辞去了公办学校的校长职务。她为什么要辞职？她要去寻找她的“诗和远方”吗？今天上午，我在微信上问她为何要辞去公办校长的职务，她回答我：“为了聚一群志同道合的朋友，因为生活重塑教育，因为未来重构教育，因为孩子重立教育，不计成败得失，今生梦想终需一试，我们终将改变潮水的方向。”我很想追问她：难道在公办学校就不能“一试”吗？你想改变“潮水”怎样的“方向”呢？可我没有追问她，我理解她只能说到这个程度了。但她的意思我明白了，我相信在座的各位也明白了。

更让人忧虑的是，像她一样的公办校长离职还不是个别现象，在全国好些地方都出了公办学校校长成批离职的现象。大家看这张图：

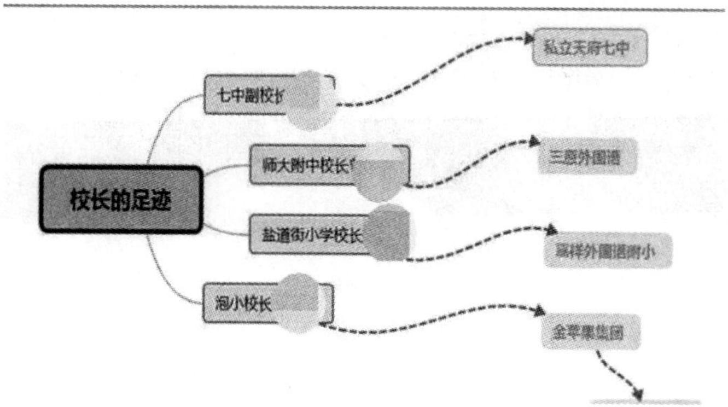

上面罗列了一些校长辞职后的去向，毫无例外地都是从重点名校流向民办学校，他们都是名校长啊！当然，不是名校长可能也不敢辞职，辞了职谁要啊？大批优秀的校长从公办体制中出走，无论如何都值得我们思考与研究。公办学校校长大批离职的原因何在？一位离职校长说："私立学校办学自主权更大，可以有更好的发挥空间。其次，公办学校校长归属感薄弱，压力过大。此外，公办学校有很多文本化的检查、年度考核、接待等，而民办学校没有那么多的'繁文缛节'。"

《国家中长期教育改革和发展规划纲要（2010—2020年）》提出："创造有利条件，鼓励教师和校长在实践中大胆探索，创新教育思想、教育模式和教育方法，形成教学特色和办学风格，造就一批教育家，倡导教育家办学。"其实，在这个《纲要》颁布以前，党和国家领导人已经多次提出"要让教育家办学"的倡议了。

但公办学校的如此生态，谈何"造就一批教育家"？

我今天讲三个问题：第一，什么样的人才可以成为"教育家"？第二，什么样的天空能够涌现"教育家"？第三，什么样的大地适宜"教育家”办学？重点谈第三点。

先说第一个问题：什么样的人才可以成为“教育家”？

关于“教育家”的标准或者说条件，当年陶行知写过一篇文章，题目是“第一流的教育家”。他说，第一流的教育家应该是“敢探未发明的新理，即是创造精神；敢入未开化的边疆，即是开辟精神。创造时，目光要深；开辟时，目光要远。总起来说，创造、开辟都要有胆量。在教育界，有胆量创造的人，即是创造的教育家；有胆量开辟的人，即是开辟的教育家，都是第一流的人物”。

按我的理解，“敢探未发明的新理”，就是思想要想得远；“敢入未开化的边疆”，就是行动要放得开。无论“创造”还是“开辟”，他都必须是一个思想自由、行动也自由的人。

在今天，我认为教育家必须具备四个条件：第一，有超越世俗的高远追求，即心灵舒展，不被世俗的名利所累，不会“心为行役”。第二，有富于创见的教育思想，即精神解放，唯真理是从，不迷信任何权威。第三，有百科全书式的学养，即视野开阔，只有视野开阔，其思考才能独立而有远见。第四，有长期的第一线实践，即行动自如，他的所作所为不受任何人干扰和束缚。一句话，教育家应该是一个自由的人。

思想自由不会有什么疑问，因为一个人想什么不想什么谁也管不着，但一说“行动自由”，往往就会有人说“自由也不是绝对的，不能无法无天”。所以，这里有必要解释一下“自由”的含义。其实，这个解释本来也是多余的。刚才张冬青老师用孔子的“从心所欲而不逾矩”来说明自由本身就不是无序的，我非常赞成。这里我再引用两句话来说明这一点。马克思说：“自由就是从事一切对别人没有害处的活动的权利。”孟德斯鸠说：“自由是做法律所许可的一切事情的权利。”你们看，真正的自由，其内涵本身就根绝了所谓“无法无天”的意思。

再说第二个问题：什么样的天空能够涌现“教育家”？

我特别想说的是，任何杰出人才都不是“培养”出来的，而是“生长”出来的。我曾写过一篇文章，题目叫作“名师是‘打造’出来的吗?”。我说“名师”不是谁“打造”出来的，是人家自己成长起来的。教育家也是如此，根本不是谁“培养”的。我这样说，很容易被人误解为“狂妄”，但我说的不过是事实。你能说陶行知是谁培养的吗？蔡元培、晏阳初又是谁培养的呢？教育家更多的是在自己持之以恒的实践与反思中成长起来的，是自己“生长”出来的。虽然教育家不是“培养”出来的，但教育家的诞生需要良好的社会环境和成长条件。从这个意义上说，与其通过各种“工程”去“培养”教育家，不如为教育家成长提供适宜于他成长的空气、土壤、水分和阳光，给他自由飞翔的天空。

特别是对教育家的个性要宽容。凡是具有创造性实践精神与能力的教育者往往都是个性鲜明的人，他们有自己“标新立异”的思想，有自己“别出心裁”的表达，有自己“与众不同”的做法。如果我们扼杀了教育者的个性，也就扼杀了教育者成长为教育家的可能。

当然，尊重个性，并不是取消统一的教育指导思想——党和国家的教育方针，都是我们教育者应该遵循的指南，这是必须的。这个解释不是多余的，因为教育肯定应该和国家的意志相统一。但任何高屋建瓴的宏观指导，都不能取代千千万万一线教育家富有创造性的思考与实践。这是个常识。

因此，只有自由的天空才能有飞翔的翅膀。

第三，什么样的大地适宜“教育家”办学？

当然还是“自由的土壤”。要允许教育家有自己一整套的办学思路，只要遵循党的教育方针和国家的教育法规，就应该充分给教育家以思想和行动的自由。在“教育理念”“培养目标”“学校文化”“课程设置”“教学模式”“人事管理”“财务支配”等方面，都能够“校长说了算”！但现在有多少校长在办学方面能够自己“说了算”呢？

而只要稍微给学校一点办学自主权，学校必然迸发活力。这里讲一个案例，就是我们成都市武侯区的“两自一包”改革。

为破解政府与公办学校“管办不分”，公办学校办学活力不够、教师编制不足、进出渠道不畅、经费管理缺乏自主权、绩效杠杆不灵等问题，成都市武侯区2014年在新建成的川大附中西区学校率先探索了“管理自主、教师自聘、经费包干”的“两自一包”办学模式，具体做法是——

管理自主：将原来由武侯区教育局管理的学校发展规划、教育教学管理、课程设置开发、教师及其他职工聘任、中层干部选聘、学校经费支配等权力还给学校。教师自聘：学校根据工作需要和人力资源标准，自主设定岗位、制定人员招聘方案，报教育局审批。是学校在用人，用谁不用谁当然是学校说了算。但过去校长是没有权力的。当然，教师自聘也不是简单的校长一个人说了算，也有一套机制和程序，建立“公布招聘信息、接受报名、资格审查、笔试面试体检、岗位聘用、签订劳动合同”六个规范流程，校长牵头、多部门共同参与完成教师招聘，纪检部门选派人员实施过程监督，确保公平、公正、公开。经费包干：包干经费由生均公用经费总额和教师人员经费（按生师比核定数）之和组成。分年度一次性打包划拨学校，由学校自主管理使用。比如学校经过核算需要一百多个老师的经费，那教育局就把这些经费一次性拨给学校。怎么分配是你学校的事情。这些老师都没有编制，但是都享受和公办教师一样的待遇，没有任何后顾之忧。学校设施设备、基建维修等项目所需经费不在包干经费里，需要时由教育局划拨。

经过三年改革，学校办学活力逐步彰显，区域教育治理能力获得发展、质量得到提升，形成可复制的经验，武侯区已在十二所新建学校、幼儿园推行，成都市多个区、市、县正推广实施，北京、重庆、浙江、贵州等省市69个考察团共计1249人次到武侯考察借鉴。

其实，严格说起来，“两自一包”还谈不上真正意义上的创新，而只是恢复了学校管理应该有的样子——学校管理本来就应该是学校的事嘛！以前统得太死，一旦把自主权还给学校，学校当然迸发活力。就像1978年的小岗村村民决定实行“大包干”，那也不是“创新”，无非是恢复了应该有的样子——一旦将土地还给农民，农民种自己的地能不上心吗？能不丰收吗？不过，无论是武侯区的“两自一包”，还是当年小岗村的“大包干”，毕竟还是对现状的改变，所以，说是“变革”也说得过去。

说到学校管理的放权，我在想，可否借鉴美国的一些做法，允许兴办中国式的特许学校？

美国的特许学校是经由州政府立法通过，特别允许教师、家长、教育专业团体或其他非营利机构等私人经营、公家负担经费的学校，不受例行性教育行政规定约束。这类学校虽然由政府负担教育经费，但却交给私人经营，除了必须达到双方预定的教育成效之外，不受一般教育行政法规的限制，为例外特别许可的学校，所以称之为特许学校。就是政府和办学者商量办一所怎样的学校，说好后，政府给钱，办学者办学。

特许学校的特点是，它与政府之间是一种契约的关系（通常三至五年），学校必须在契约规定期间保证达成双方认可的经营目标。这种目标通常是以改进学校教学现状为主，因此，多数属于教育革新的实验学校。也因为是教育实验性质，所以特许学校通常可以不受例行性教育行政法规的限制，如各学科授课时数、教学进度、教师工作准则、薪资规定以及例行性的报表等。

我期待着中国式特许学校：第一步，由政府考核审定聘用教育家，钱是政府出的，政府当然有权决定谁来办学；第二步，由政府与教育家之间商定办学目标；第三步，政府出资，教育家办学，签订合同；第四步，合同期间，政府不再干预学校事务，让校长自主决定学校的一切；第五步，根据相关法律和双方的契约，保证学校的健康运行和发展；第六步，合同期满，由政府主导第三方机构对学校办学进行评估。

其实目前我国有的学校已经有特许学校的味道了，他们正在进行一些尝试，不过这样的尝试太少了，我希望类似的特许学校能够多一些。2013年11月15日颁布的《中共中央关于全面深化改革若干重大问题的决定》明确指出："深入推进管办评分离，扩大省级政府教育统筹权和学校办学自主权，完善学校内部治理结构。"所以说，我呼唤的改革在国家政策上是可以找到依据的。

鼓励教育家办学，最重要的是改善校长的人文环境，特别是应该给校长更多自由支配的时间。苏霍姆林斯基说："教师没有自由支配的时间，这对于学校是真正的威胁。"但我要说，校长没有自由支配的时间，对学校来说更是致命的威胁。是的，现在的教师很多时候忙的并不是教学的事，而是各种应付；可校长的自由时间比教师更少。不信你随便问一个校长，他每天有多少时间是真正花在教育本身上，而又有多少精力是耗在和教育没有直接关系甚至根本就没有关系的事情上？校长在忙什么呢？一会儿"维稳"，一会儿"疾控"，一会儿"防汛"，一会儿"创卫"……还有各项"初检""复检"，还有各种接待和开不完的会……还有什么"禁毒教育""节能教育""廉政教育"……什么都要"从娃娃抓起"，结果都来抓校长。校长苦不堪言，教育家从何诞生？

大家请看这张照片。

照片上这位女士是俄罗斯奥伦堡师范大学教育管理学院院长伦达克教授。她是苏霍姆林斯基的学生。1955年她上小学一年级时，是苏霍姆林斯基牵着她的手走进教室的。在帕甫雷什中学毕业后，她考上了师范大学，毕业后苏霍姆林斯基把她要回了帕甫雷什中学，她又成了苏霍姆林斯基的同事。这是2012年11月在江阴，我和她在聊天。几十年过去了，一说起苏霍姆林斯基，伦达克教授依然热泪盈眶。她给我讲了许多苏霍姆林斯基的往事。从她的口中，我了解到苏霍姆林斯基的每一天是这样度过的——

早晨七点到七点半，苏霍姆林斯基在校门口迎接每一位学生，也迎接每一位老师。然后他开始转校园。八点钟开始，苏霍姆林斯基便在办公室检查全校学生的作业。检查完作业后，他便去上课，一节或两节。然后听课，并和老师交换意见，直到中午。下午两点，学生们放学回家了。一直到五点，学校里都非常安静。这段时间，是苏霍姆林斯基阅读和写作的时间。五点钟，学生们又回到学校，开展各种活动，苏霍姆林斯基又来到孩子们中间和他们一起活动，一直到七点钟。七点到八点，是学校的晚会。学生回家后，晚上九点到凌晨一点，又是苏霍姆林斯基的写作时间。如此周而复始，日复一日。这就是苏霍姆林斯基所度过的普通的每一天。

今天，看了苏霍姆林斯基每一天这样的工作状态，我们中国的每一位校长想必是“羡慕嫉妒恨”吧？正是这样的宁静，这样的纯粹，使他成为一名世界闻名的大教育家。而如果中国的每一个校长都能拥有这样的“宁静”和“纯粹”，中国的教育家必然层出不穷，且源源不断，中国教育的天空必然群星璀璨……

——教育家的翅膀呼唤自由的天空！

谢谢大家！

周洪宇

中国教育三十人论坛成员

第十三届全国人大常务委员会委员

长江教育研究院院长

学习陶行知办学经验，充分发挥教育家办学主体作用

当我看到了演讲主题——教育家办学：现实与未来时，我有些纳闷，为什么不在当中加一个历史呢？对民国时期教育家办学的历史、办学的经验是否有深入的研究、充分的总结和科学的运用？所以我想在这次论坛上讲一讲从历史的角度看教育家是怎么办学的，他们有哪些好的办学经验可以给我们今天的教育家和校长办学提供借鉴和启示。

我是华中师范历史系的学生，毕业以后做的第一件工作就是编《陶行知全集》，当时应湖南教育出版社的要求编了几年，出版以后就开始做硕士论文和博士论文。对陶行知的学习和研究有一点体会，但也不一定很深刻，主要谈三个问题：

陶行知的故事是现代中国的经典故事，常说又常新。为什么说是经典故事？陶行知是中国农村的孩子、农民的儿子，1891年出生在安徽歙县，从小就帮助家里做事情。父亲除了种田还做点小生意，他也帮助母亲做家务。就是这样一个农村的孩子，后来读了南京金陵大学，又到美国伊利诺斯大学读硕士，在美国哥伦比亚大学师范学院读博士。哥伦比亚大学师范学院在20世纪50年代以前在师范教育里面排第一。当年的名师有：教育哲学家杜威、教育史学家孟禄、教育行政

学家斯特雷耶、比较教育学家坎德尔，可以说教育学领域当中最主要的学科代表都集中在哥伦比亚大学。陶行知就是在这样的背景下进入了世界最著名的学府：博士论文的导师是斯特雷耶，又得到了孟禄的精心指导；后来听了杜威的课，所以在思想上接受了杜威的实用主义哲学和教育学思想，学成以后回国办学，成为一个伟大的教育家。

在哥伦比亚大学，陶行知（右一）与胡适（左二）等人合影

早期的陶行知是一个儒家知识分子，接受的是传统思想教育，后来信奉了王阳明的“知行合一”的学说，将原名陶文浚改为陶知行。20世纪30年代他认为知行在理论和实践的关系上还没有说透，所以又改名为行知，1934年以后就以“陶行知”为名。他的思想轨迹经历是从儒家知识分子到现代实用主义哲学的信奉者，最后走到了倾向于马克思主义和社会主义这一步。

他由一个普通的教师成长为伟大的教育家，由平凡到伟大，再由平凡到神圣。历史上有两位教育家可以称为万世师表，一位是孔夫子，一位是陶行知。国际上比较公认的教育家、具有国际影响力的，近现代的教育家当中就是陶行知。20世纪90年代美国哥伦比亚大学师范学院教育学家、美国教育哲学会长编了一本书《伦理中的教育》，选了世界十位教育家，中国的教育家就是陶行知。

这样的故事对我们今天来说是常说常新，刚才几位优秀的校长都讲到了陶行知，而且有些校长可能还没有讲，他们都是按照陶行知的思想在办学，包括在座的很多人都是这样。

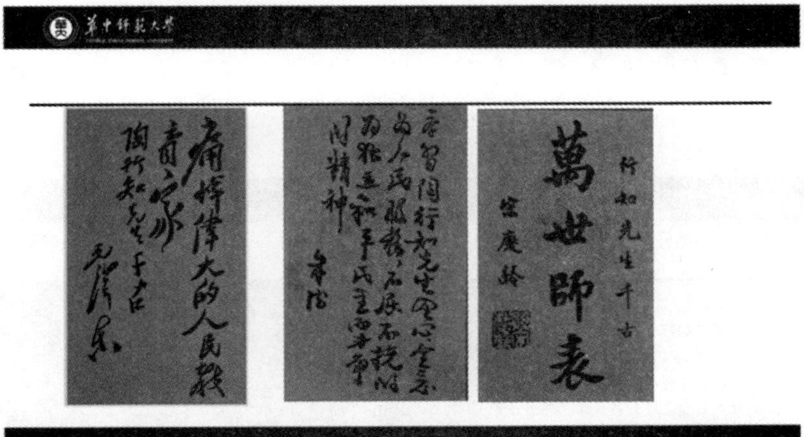

陶行知成为“伟大的人民教育家”，我想他一定有他的规律，他的规律在哪里呢？根据我粗浅的研究，我认为他做到了六个“善于”，这是具有普遍意义的，很值得我们今天的办学者借鉴。

一是善于将原则性与灵活性结合起来。既坚持教育理想，又从实际国情、社情、民情出发；既保持教育者的清高，又有社会活动家的策略和手段，不当“书生型的教育家”，不当盲行盲动的教育家，更不当政客的教育家。

他在1921年4月写文章阐释了什么样的教育家是第一流的。他说：只有具有两种精神的人：创造的精神和开辟的精神。陶行知说过，十八条教育信条都不是我手写的，而是我们这些教育改革者共同书写的。

二是善于坚持理论与实际相结合，在实践中提出和形成发展自己的理论学说。独具中国特色的“生活教育学说”正是如此形成的。

我们常说××的思想、××的理论、××的学术，思想和理论都可能是片面的、零星的，但是学说一定是成体系的、完整的，有它的逻辑起点和基本范畴。

三是善于搭建平台。组织社团和学校，积极开展教育改革和教育实践。

陶行知先是参与了搭建平台，全国性的教育平台——中华教育改进社。其实中华教育改进社也不是他自己搭建的，而是由蔡元培先生倡导他们一起搭建的。但是，陶行知先生为此放弃了东南大学教务主任的位置到北京来做这项工作，担任主任干事，领导组织全国的教育改革运动。

此后，陶行知又发起了中华平民教育促进总会。尽管搭建了这些平台，但还是没有自己的平台。所以1927年他开始创办晓庄师范，在晓庄师范以乡村教育先锋队的形式为基础组建了生活教育社。当然，生活教育社得到正式批准是在1938年。这个社团和过去有所不同，是把传统的教育改革家和新式的教育改革全部混合在一起，而且又以欧美留学回国的学生，尤其是哥伦比亚大学的同学为主。下面是按照教育的各个门类，基础教育、高等教育、职业教育、学前教育等教育学科，他们起草制定各种教育的政策，提出各种建议，然后报送给当时的教育部。当时的教育部也没有精力去管，所以也乐得他们去提，提得好我就采纳，这样的话实际上他们就成了当时的地下教育司令部。除了这种平台办学，前者如全国性教育社团中华教育改进社（主任干事），中华平民教育促进总会（发起者），生活教育社（国难教育社，社长），后者如安徽公学、晓庄师范、湘湖师范、山海工学团、育才学校、社会大学、香港中华业余学校等，之后又办了社会大学。这些学校就为陶行知培养人才、开展改革实验、形成教育学说创造了条件，他就在这个基础上成了教育家。

四是整合资源、协同作战，充分发挥各方力量的积极作用。

陶行知重要的合一思想，如强调“合一”“协进”理念，提出“政富教合一”(由“政教合一”而来）主张，得到政界（前国务总理熊希龄），军界（冯玉祥），企业界（银行家陈光甫），教育界（蔡元培、袁希涛、黄炎培、蒋梦麟、胡适、陈鹤琴等）和其他社会力量的支持。

五是组建一支得力的干部队伍。

组建一支得力的干部队伍，早期是靠领导、靠老乡，后来靠同事、靠同行，然后又培养学生，如同事陈鹤琴，早期学生张宗麟、金海观，中期学生刘季平、张劲夫、戴伯韬、董纯才、孙铭勋、戴自俺等，后期学生胡晓风等，开展教育改革。这些同事、学生成为了同事、领导，也成为了重要的干部队伍基础。

六是善于不断总结自己的经验，学习他人的长处，在实践中成长和发展。

教育家不是简单地照搬他人的理论，不管是古人还是今人，是中人还是西人，是东方还是西方，前提是在自己教育实践的基础上再去吸收他人的经验，这是他们成为教育家很重要的基础。

陶行知的教育家精神是今天亟须发扬光大的精神，这种教育精神有哪些内容呢？

首先是大爱的精神，要从爱出发。

其次是民主的精神，教育家办学首先要有民主的思想，必须调动各方面的力量和资源，包括老师、学生、同事、社会和家长，甚至包括学生，还做到了包括社区附近的乡里都来参与学校的管理。

再次是科学精神，陶行知研究教育问题不是简单的泛泛而谈，他对每项工作都要进行长期深入的调查研究，回国以后首先做的工作就是对南京市教育进行调查和研究，具体有多少学生、多少老师，问题最大的是哪些方面，然后提出改进政策。中国的教育学当中教育统计学就是他引进的，教室课堂时间地点怎么确定，很多都是凭经验，他用统计学一下就可以解决问题，教育科学化和科学教育化。

最后是大丈夫精神，孟子讲大丈夫精神和浩然之气，富贵不能淫，贫贱不能移，威武不能屈。当然还有创造的精神、开辟的精神，这些精神也是今天我们在学习他的经验的过程当中更要学习的一个内容。

文东茅

中国教育三十人论坛成员

北京大学教育学院教授

中国教育发展战略学会副会长

激发师生心之力

大家下午好！我今天分享的主题是“激发师生心之力”。我想，这个主题是对本次大会的主题“激发教育活力”的具体化，也是在试图回答“教育创造美好生活”和“教育家办学”的问题。

“心之力”一词并非我的原创。据斯诺的《西行漫记》记载，1917年23岁的毛泽东写过一篇文章《心之力》，现在有个版本网传很广，真伪莫辨。但毛泽东主席100年前使用过“心之力”一词是基本确定无疑的。其实，在2000多年前的《左传》中就已经出现“尽心力以事君”这样的表述。

中国传统文化最伟大的地方在于发现了“心”和心的伟大力量。尧舜禹口口传授的十六字心法：“人心惟危，道心惟微，惟精惟一，允执厥中”；孟子告诉我们，“学问之道无他，求其放心而已矣”；孔子十五而有志于学，终身学习修炼，七十岁达到的最高境界就是“随心所欲不逾矩”；张载提出“为天地立心，为生民立命，为往圣继绝学，为万世开太平”；文天祥的“人生自古谁无死，留取丹心照汗青”……说的都是这颗心。在所有的古圣先贤中，只有王阳明先生对“心”的阐述最透彻、最详细，也唯有他的学说被冠名为“阳明心学”。所以，习近平总书记说，阳明心学是中华传统文化的精华，也是增强中国人文化自信的切入点之一。

我2016年3月15日开始学习阳明心学，至今不到两年，只是个初学者，但我牢记阳明先生的教诲，要真学真做、知行合一，有所收获就马上行动，能做多少做多少。在经过一段时间的摸索之后，我于今年1月7日发起成立了“致良知涌泉学苑”，这是一个不收取任何费用、没有一砖一瓦的虚拟学习组织，主要通过微信和APP软件学习，大家自主学习、互帮互助，所有的学习和组织管理都靠志愿者。尽管只是个自发自愿的虚拟组织，我们却有独特的校训：心怀天下、学致精微；也有严格的学风：不说谎、不抱怨、尽己责；有明确的目标：弘扬传统文化，修己安人，立德树人；还有一首我作词的校歌：《山水蒙》。涌泉学苑成立之后，社会反响强烈，发展迅速。第一期学习班500多人；报名人数超过3000人；三期又有3000多人报名。学员几乎遍布全国每个省市。

我们知道，“修心”是一个长期的过程，是一次“心”的长征，所以，涌泉学苑的学习以100天为单位，要经过三个百日学习才能初步结业。到今天为止，涌泉一期已经坚持学习了276天，二期是176天。

涌泉学苑的学习没有考试、分数，没有奖金、评优，完全是自发自愿。我们每天早上读古圣先贤经典原文，白天正常工作，晚上听分享、写心得，打卡交流。在这样一个人人都非常忙碌的时代，我们这些人却乐此不疲地每天读古文，我们甚至成立了“530”俱乐部，每天早上5:30起床读书学习。我们每天坚持“不说谎、不抱怨、尽己责”，一个几百数千人的学习群体，几乎看不到任何消极负面的文字和情绪。我们看到、听到最多的词汇是“仁爱”“阳光”“温暖”“幸福”，是“立志”“勤学”“尽责”“担当”，是相互的砥砺扶持，是为祖国健康工作六十年。我们正带着满满的正能量和幸福感开启新的生活。

我们学习古圣先贤思想之后，再反观过去，常常会为自己盲人骑瞎马而感到后怕；我们环顾周围，也会真切地感到焦急。我们发现当下中国教育的问题之一就是教师职业倦怠、学生缺乏学习动力。有的学生年纪轻轻就没了人生的方向和目标，做任何事情都缺乏兴趣和动力；老师对此感到力不从心、心力交瘁，有的老师自己也安于现状、不思进取。“小富即安”“知足常乐”都成了一种流行的人生哲学。古人告诫我们：小人闲居为不善，无所不至。当一个人有钱、有闲却漫无目标、没有约束的时候，可能就离违法犯罪不远了；当一个国家的青少年和教师流行得“空心病”的时候，就是“中华民族到了最危险的时候”。正因为有这些认识，我们常常感到时不我待，必须奔走呼号，用生命去唤醒生命。

当我们带着这伤心和这伤情再去读习近平主席治国理政思想和十九大报告时，就能更加深刻地认识和理解中国共产党。原来，共产党的成功和伟大就在于继承和弘扬了中华文化中最宝贵的这颗红心。十九大报告中指出：“不忘初心，方得始终。中国共产党人的初心和使命，就是为中国人民谋幸福，为中华民族谋复兴。”共产党的根本宗旨是“全心全意为人民服务”。这就是共产党人的“心学”。

“不忘初心，牢记使命。这个初心和使命是激励中国共产党人不断前进的根本动力。全党同志一定要永远与人民同呼吸、共命运、心连心，永远把人民对美好生活的向往作为奋斗目标，以永不懈怠的精神状态和一往无前的奋斗姿态，继续朝着实现中华民族伟大复兴的宏伟目标奋勇前进。”这就是共产党不断走向辉煌的心之力。

参照习近平总书记的要求，再来看当下的教育，教育的初心在哪里？师生是否有永不懈怠的不竭动力？我们不无遗憾地发现，很多人把心丢失了，忘记了初心，心中只有考试、升学、求职和收入，很多人迷茫、懈怠、无助、无力，甚至得了空心病。本可心怀天下，但心中只有一个小小的自我，怎能不空荡荡的？当人民不再有高远的志向和追求，怎能不迷茫无力？所以，当前迫在眉睫的任务就是要找回教育的初心，让师生心中装下更多的家人、朋友甚至祖国和人民，要激发师生的心之力，让教育促进师生幸福美好地生活。

十九大报告指出：中国正在从站起来、富起来走向“强”起来；建设教育强国是中华民族伟大复兴的基础工程。那么，何为“强”？何为教育之“强”？在我看来，这个“强”绝不仅仅是办学条件、世界排名和科技创新这些外在表现出来的强，真正的“强”是内心的强大，是《中庸》“子路问强”中的“君子之强”：“和而不流”“中立而不倚”“国有道，不变塞焉”。这样的“强”一定是以坚定的理想信念为基础，一定是道德和知识、能力均衡而充分发展的强。

少年强，则中国强；教师强，则少年强。而要成为这样的强者，最重要的就是立志，立高远之志。阳明先生告诉我们：“夫学，莫先于立志”，“志不立，天下无可成之事”，“立志而圣则圣矣，立志而贤则贤矣”。如今，我们赶上了一个伟大的新时代，只要我们志存高远，心怀祖国和人民，把中华民族的伟大复兴作为自己的使命和毕生事业，我们就一定会激发出澎湃的、不竭的心之力。

这种心之力，不只是个人的体力、智力或非智力因素，而是爱的力量：仁爱天下，仁者无敌；是诚的力量：至诚无息，至诚如神；是志的力量：有志者，坴亩亦可飞鸿鹄。这种心之力，就是人心所向，就是人民对幸福美好生活的向往和追求，手牵手、心连心，同心同德、凝心聚力，中华民族一定会展现出无比旺盛的生命力和创造力；美美与共、天下大同，这个世界也一定会因我们而更美丽。

最后回应一下本节会议的主题：教育家办学。我们为什么出不了教育家？因为我们定义的“教育家”必须有“自己独到的、系统的教育思想”。今天的特邀嘉宾 Vichy Colbert 女士被公认为著名教育家，但她说过她自己不是理论和新思想的创立者，“新学校”的模式不过是实践了源于皮亚杰、蒙特梭利、瑞吉欧和杜威的教育理论和思想。其实，在数千年延续不断的中华历史中，古圣先贤早就为我们探索出了一条被实践检验过的、充满无上智慧的教育之道。这些圣贤之道就是人生幸福之道。只要传道授业解惑，就是难得的“人师”；只要激发自己和师生的心之力，就是好校长；长此以往，就将是新时代的教育家。

“学问之道无它，求其放心而已矣”。教育原来如此简单，就是要找回初心，培育一颗中国心。致良知涌泉学苑就是一所特殊的“求放心”的学校，它已经成为成千上万校长、教师的精神家园和永远的骄傲，也期待着您的支持和加盟。

谢谢大家！

杨东平

中国教育三十人论坛成员

国家教育咨询委员会委员

北京理工大学教授

21 世纪教育研究院院长

警惕新一轮的“教育产业化”

这次论坛的主题是“教育创造美好生活”。请问，我们的生活美好吗？自从孩子上了小学以后，这个美好就丧失了。幼儿园的虐童事件、日益炽烈的课外补习热、大城市激烈的择校竞争……教育正在摧毁童年，摧毁家庭幸福。

这一轮新的“教育产业化”，有几个比较典型的事实。

一、课外补习正在“绑架”学校教育

课外补习的规模和能量都非常大。目前，我国教育培训机构总数约为二十万家，中小学辅导的市场规模超过八千亿元，上课外辅导的学生达1.37亿人次，参与辅导机构的教师有近八百五十万。

这就造成了中国学校教育的一个非常严重的问题。培训机构的基本模式是“提前教育”，以至于很多学校一年级开学的时候，老师发现只有一两个学生还不会，大多数都已经达到了二年级的水平，这让学校怎么教？这就是“绑架”。

在2012年的PISA测试中，上海取得了世界第一的优异成绩，但上海同时还得到了另外一个世界第一，就是课业负担、学习时间世界第一，而且还是遥遥领先。具体数值是上海学生每周校内上课时间为28.2小时，在65个国家（地区）中位于第9位；每周课外作业时间13.8小时，名列第一。加上校外辅导和私人家教，每周校外学习时间17小时左右，远高于OECD的平均值7.8小时。

这个PISA测试是非常严格的，因此可以澄清关于课外补习有些似是而非的说法，什么儒教文化圈的东亚国家和地区都追求考试成绩，望子成龙，改变不了，都一样。已经完全不一样了！港澳台的课外学习时间约为上海的一半，日本仅为上海的1/3，而他们也都是PISA第一梯队的成员。

把全国人民都带到坑里、最负盛名的奇谈怪论，就是“不能输在起跑线上”。这个起跑线却不断地前移，从高中移到了初中、小学和幼升小，现在学龄前儿童的补习已经非常成熟了，成为了一个巨大的产业。不久前媒体报道，上海的一个两岁半的男孩，父母给他报了五个培训班，包括主持人培训班，结果发生严重的脱发，到了医院检查，是“斑秃”，因为精神过度紧张。什么叫作“奥托班”？托儿所的奥数班。做这种事情是不是有点“丧尽天良”？

炽热的课外补习热，基本特点是城市大于农村、东中部大于西部、重点学校大于非重点学校（就是参加补习的重点学校学生多于非重点学校学生），还有小学生多于初中生。课外补习在国外称为“影子教育”，如影随形跟在学校教育后面，很大程度上是为了弥补学校教育的不足，尤其是为后进学生提供课外辅导，就是所谓的“补差”功能。但是在中国，其功能普遍成为“培优”，越是学习好的人上的补习班越多。有句话是“不怕班里有学霸，就怕学霸放暑假”。越是在大城市，越是在重点学校，越是在优势阶层，补课的强度越大。所以，课外补习进一步扩大了教育不公平，正在成为一种新的阶层再生产的重要机制。

二、小升初择校竞争：公退民进

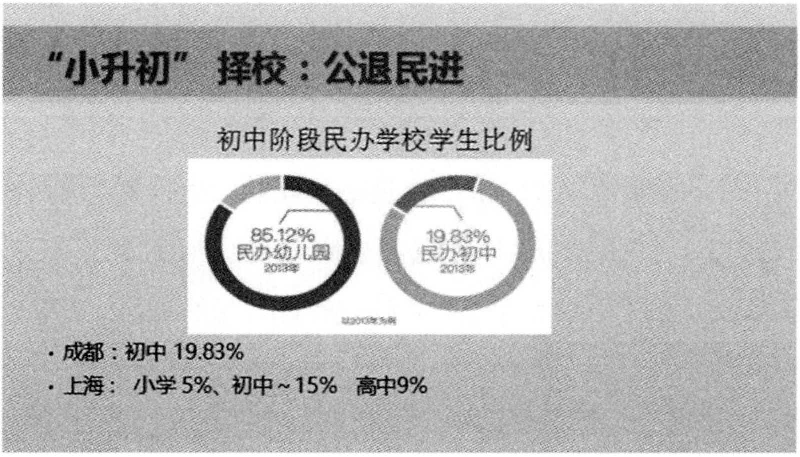

小升初择校近几年出现的情况是，除了北京和深圳是以公办学校

为主，上海、南京、西安、广州等大城市择的都是民办学校，就是初中阶段的名校基本是民办学校。尽管全国宏观统计，初中阶段的民办学校占10%左右，但是在成都，初中民办学校学生的比例达19.8%，上海有的区的这一比例达到了30%，甚至40%。

义务教育的学校系统正在发生分化，民办教育成为优质教育的代名词，而公办学校成为二流的学校。一系列的统计数据说明了这一点。上海2015年中考成绩排名，前十名均为民办学校（平均分从570分到590分)，而公办学校中成绩最好的，平均分则在560分以下。杭州2015年中考成绩统计，500分以上的考生中来自民办学校的超过90%。公办学校正在逐渐被“边缘化”。义务教育学校系统面临两极分化的危险，北京大学的王蓉教授称之为“教育的拉丁美洲化”，就是有钱的上优质的私立学校，普通老百姓上平庸的公办学校。这是我们的目标和理想吗？

三、新一轮“名校办民校”

第一轮“名校办民校”是在20世纪90年代末的时候，把一批公办的名校转化为实行民办机制的“转制学校”，公办学校换了一个马甲就可以高收费。当时主要是为了弥补政府教育资源不足。由于产生了乱收费和制造学校差距之类严重问题，这一轮转化到2005年左右就被叫停了。

目前这一轮新的“教育产业化”，特点之一是名校和房地产市场的深度结合。最具有可视性的现象就是超级中学的扩张。衡水中学在全国各地办了23所学校，基本都是和房地产或者大企业合作。为什么今年在衡水中学的平湖分校遭到强烈的抵制？它实行提前招生，用高额的资金攫取高分学生和优秀教师，一百万聘一个校长，然后以高升学率来自我循环。用这种方式，几乎所有的公办学校都无法与它竞争，这就是教育界的“野蛮人”。

这一轮“教育产业化”的一大特点是资本市场的介入，无论培训机构还是“名校办民校”，背后都有资本强大的力量，资本凶猛。

教育培训业的两大巨头，2017年4月，新东方、好未来美股的市值突破100亿美元大关。2017年7月，好未来集团市值达到127.4亿美元，2018财年第二季度总净收入增幅66.8%；新东方教育集团K12业务营收在2017财年增长44.2%，已经占到总营收的55%。

新东方一开始办的是面向出国留学的英语补习教育，不是面向中小学生的。俞敏洪自己多次表达过后悔上市，一上市就被资本绑架了，必须要向董事会报告每年的增长率，但是教育是这样做的吗？是要把摊子铺得越来越大、不断榨取学生作为自己的业绩？这些年中国教育机构上市的规模是非常大的。无论学前、K12、职业教育还是高等教育、民办教育的举办者都盯着资本市场，盯着新三板，他们的最高理想就是上市。办教育成为一个“圈钱”的事业。

四、解析教育的“剧场效应”

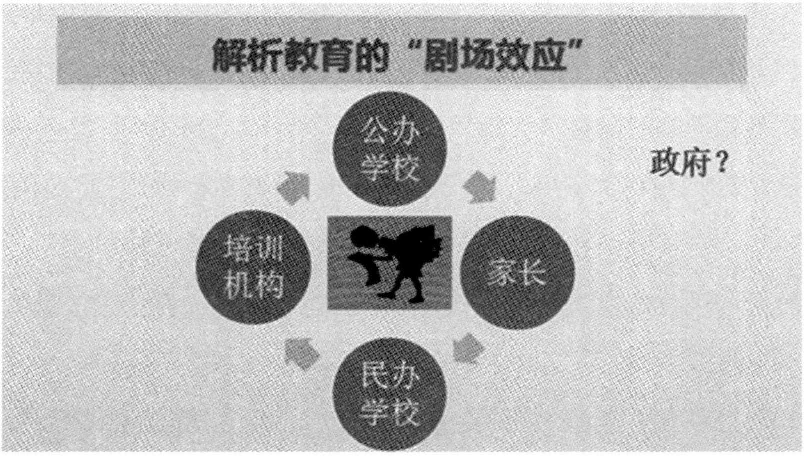

严重的课外补习和择校竞争，自媒体称之为“剧场效应”，就是在剧院看戏，第一排人站起来了，后面的人没办法，结果大家都站起来，所有的人都被“绑架”了。在公办学校、民办学校、培训机构和家长这几个不同的主体中，公办学校认为民办学校考试掐尖，家长非理性择校，培训机构推波助澜。每个主体都有自己的责任，受罪的是儿童。这个结构其实缺了一个主体：政府在哪里？要解析“剧场效应”其实也很简单，就是政府在干什么？我们知道没有一个剧院会所有人都站着看戏，因为有维持秩序的。为什么教育市场如此混乱？讲得好听一点是“政府失灵”，其实，就是政府失职，该管的不管，背后还有很多寻租行为。

因而，关键是教育治理的改善，促进教育治理的现代化水平。

1. 重新思考义务教育。我们需要回归初心，就是回到教育价值和教育理想的层面，重新认识义务教育的价值、功能。是制造学校竞争吗？是打造名牌学校吗？还是其他什么？今天，教育一个非常重要的使命，就是从应试教育突围，真正建立以儿童为中心、以学生的健康发展和终生幸福为本的价值观，实行善待儿童的教育，使儿童免于恐惧的教育，使儿童能够保障睡眠的教育，尤其是这种教育要保护小学生的身心健康、学习兴趣、想象力和好奇心。

为此，需要重申义务教育的属性和价值。义务教育的性质在全世界都是一样的，是政府用纳税人的钱举办的，是免试免费、就近入学、非竞争性、非选拔性、非淘汰的教育，是一种基础性、保障性、公益性、公共性的教育。所以，现在我们把小升初、幼升小搞得天翻地覆，每个家长都像热锅上的蚂蚁，完全违背了义务教育的初衷。

2. 政府治理：重建基础教育的公益性。破除“教育拉丁美洲化”的危险，必须认识“教育市场化”的危害，强调义务教育的保障性、公共性和公益性，避免被资本、培训机构、房地产集团绑架。

教育公共财政应当倾斜关注“后20%学生”，而不是为优势学校、优势家庭的学生“锦上添花”。很多国家都有面向弱势学生、后进学生的“补救教育”，课后再用两个小时上课，经费由教育部单独拨付，相关教师也是政府派出。

治理小升初择校竞争，有一个非常重要的治本办法，就是“示范性高中指标下放”，下放给普通学校。教育部要求下放的比例不低于50%，但是在上海、北京这些大城市远远做不到，也就不到20%。有人提出如果这个比例进一步扩大，譬如扩大到70%，公办学校和民办学校的生源竞争就消失了，因为上一般的学校进入示范性高中的概率也很大，不见得非要上民办学校。可见，解决这个问题是有一些简单有效的方法的。

更进一步，在已经普及高中教育的大城市，经济和社会发展已经达到了西方发达国家的水平，应该适时地提出“高中教育均衡发展”的目标，即将义务教育的概念扩大到高中阶段，取消高中阶段的重点学校，整个基础教育秩序也就稳定了。

改革的理想是适性扬才，多元办学，形成一种低竞争、低控制、低评价的教育生态，从“掐尖”走向“均优”。我们知道世界公认教育质量最好的芬兰，没有考试，没有评优，没有职称，没有绩效工资，但做到了教育质量最好。

3. 在分类管理的框架中，规范民办学校的发展。今天我们要重新认识这个问题，民办教育的公益属性、教育属性和营利商业属性之间怎么平衡？需要建立相应的管理和政策环境，明确义务教育阶段的非营利性学校以公益性为主，改变现在的学校行为和发展模式。

4. 标本兼治，建立教育培训行业健康发展的长效机制。就是通过法制、行政管理和行业自律，标本兼治地改变培训机构的行为。这种行业自律希望培训机构自己来做。北京、成都、上海都已经颁布了新一轮的禁令，禁止在小学开展各类学科竞赛，但是，是不是应该建立培训行业起码的“底线原则”？譬如不应该对学龄前的孩子教奥数等等。

此外，也要建立具有约束性的社会评价机制。旅游业、餐饮业都有这一机制，有问题可以投诉，投诉的结果就是执法。通过公众参与和社会力量的约束，通过法制和行政管理，这个问题并不是不可解决的。

5. 教育竞争的新阶段：走向教育创新。

我们面临的真正的挑战，是面向未来的教育创新。因而，新的学校竞争并不是民办学校和公办学校的竞争，而是创新学校和传统学校的竞争！需要通过源头治理，开展中小学办学体制改革，促进教育的多样化和高品质，鼓励教育创新创业，鼓励多种途径办学，探索建立非营利的学校，从“资本家办学”走向“教育家办学”。

请善待我们的学生和孩子，他们的名字叫未来！

互动对话

参与嘉宾：李镇西

提问：

请问李镇西老师，刚才您说到特许，这个特许是为谁特许？在实践的过程当中特许会不会变成一种特权？

李镇西：

我想肯定是政府特许教育家办学。这当然有一整套完善的机制，要有相应的法制环境，法规肯定要健全。刚才你说“特许会不会变成一种特权”，当然，我理解你的担心是基于目前中国的现实。

教育大咖之声

顾明远

中国教育三十人论坛学术顾问

北京师范大学教授

中国教育学会名誉会长

为素质教育正名

教育的病理不在教育，“应试教育”是社会逼出来的。教育的生态环境过于恶劣，教育难以作为。现在大家诟病教育，是教育本身不好吗？是广大教育工作者不努力吗？要改善中国的教育，就要给教育提供良好的生长土壤、优越的生态环境。

那么，教育本身没有责任吗？

当然不是。教育本身的问题在于屈从于社会的各种压力，教育被扭曲了，被异化了，没有自己的“人格”了。教育本身也存在许多问题，需要改革创新。正如《国家中长期教育改革和发展规划纲要（2010—2020年）》（以下简称《教育规划纲要》）指出的，改革创新是教育发展的动力。教育必须改革，还原自己的本真。

一、素质教育的提出和争论

素质教育最早提出于20世纪80年代中期。1985年5月，中共中央、国务院召开全国教育工作会议。5月19日，邓小平在会议上作报告，指出：“我们国家，国力的强弱，经济发展后劲的大小，越来越取决于劳动者的素质，取决于知识分子的数量和质量。”5月27日发布的《中共中央关于教育体制改革的决定》明确指出：“在整个教育体制改革的过程中，必须牢牢记住改革的根本目的是提高民族素质，多出人才，出好人才。”1986年颁布的《中华人民共和国义务教育法》第三条规定：“义务教育必须贯彻国家的教育方针，努力提高教育质量，使儿童、少年在品德、智力、体质等方面全面发展，为提高全民族的素质，培养有理想、有道德、有文化、有纪律的社会主义建设人才奠定基础。”此后，“素质”一词就不断见于国家许多文件和媒体中。

1987年时任国家教委副主任的柳斌在《努力提高基础教育的质量》一文中正式使用“素质教育”一词。此后，关于“素质教育”的讨论就开展起来。

“素质教育”这个概念一提出，就引起教育界的争论。学术界从生理学、心理学的角度提出，人的素质是指人的遗传素质，后天怎么能改变？后天一般称为“素养”。有的学者提出，素质是中性的，有好的素质、坏的素质，素质怎么教育？教育实际工作者，特别是第一线的校长和教师提出，素质教育与教育方针之间是什么关系？是不是要取代教育方针？特别是1993年中共中央、国务院发布了《中国教育改革和发展纲要》中提出：“中小学要由‘应试教育’转向全面提高国民素质的轨道，面向全体学生，全面提高学生的思想道德、文化科学、劳动技能和身体心理素质，促进学生生动、活泼、主动地发展，办出各自的特色。”第一线的校长和教师更感到困惑，他们说：难道我们过去的工作都错了？现在要转轨了？不能理解。有些教师认为，应试能力也是一种素质，有考试就有应试，不能一概否定“应试教育”。

对此，我当时也很困惑。我当时的理解是，中央多个文件中都提到提高国民素质，“素质”一词，需要另行界定，这个问题下面再谈。至于素质教育，我认为当时是与“应试教育”相对而提出来的。可以从教育的目的论来理解，即以应付考试为目的的就是“应试教育”，以提高国民素质为目的的就是“素质教育”。

二、素质教育提出的背景

毋庸讳言，素质教育是针对“应试教育”而提出来的，“应试教育”又与片面追求升学率有关。

“文化大革命”期间，我国教育遭到毁灭性的破坏。“文化大革命”以后，随着国家对知识、对人才的重视，我国教育得以迅速恢复和发展。青年求学的热情更加高涨。1977年恢复高考，当年招生27.3万人，但报考的青年达570万人。当然，这是由于积聚了十年未能得到上学机会的青年所爆发出的求学热情。但是随后几年，一直存在着升学的激烈竞争。尽管20世纪80年代初高中经过调整后毕业生大幅度减少，高等学校招生逐步扩大，但是高中毕业生能够考上高等学校的比例仍然很低。高考的竞争直接造成中小学的激烈竞争。

1983年12月31日，教育部颁发了《关于全日制普通中学全面贯彻党的教育方针，纠正片面追求升学率倾向的十项规定》（试行草案）。文件要求学校不能只抓升学，忽视对劳动后备军的培养；只抓考分，忽视德育和体育，忽视基础知识和能力的培养；只抓少数，忽视多数；只抓毕业班，忽视非毕业班；只抓高中，忽视初中。但文件发出以后，效果甚微。

1993年中共中央、国务院发布了《中国教育改革和发展纲要》，其中提出："中小学要由'应试教育'转向全面提高国民素质的轨道。"

1994年8月，《中共中央关于进一步加强和改进学校德育工作的若干意见》又明确提出："增强适应时代发展、社会进步，以及建立社会主义市场经济体制的新要求和迫切需要的素质教育。"这是首次在中央文件中使用"素质教育"的概念。

1996年4月12日，李岚清在《基础教育是提高国民素质和培养跨世纪人才的奠基工程》一文中指出："素质教育与'应试教育'反映了两种不同的教育思想。'应试教育'以升学考试为目的，围绕应试开展教育教学活动，是一种片面的淘汰式的教育，它的危害：一是教育对象主要面向少数学生；二是教育内容主要偏重智育，轻视德、体、美、劳方面，忽视实践和动手能力，影响青少年的健康成长；三是违背教学规律和青少年成长规律。"

自1995年起，时任国家教委主管基础教育的副主任的柳斌连续撰文，五论"关于素质教育的思考"，把素质教育的讨论推向新的高潮。

从以上素质教育提出的背景来看，素质教育主要是针对中小学片面追求升学率所产生的不利于学生素质提高而提出来的。

三、怎么理解“素质”这个概念?

许多文件和领导讲话中都提出“素质”“素质教育”这个概念，同时，人们口头上也常常讲“那个人素质真低”等等。“素质”一词已约定俗成变为人们的口头语。因此，我们就不能把它束缚在生理学、心理学原来的界定之中，需要有一个比较科学的界定。

2006年发布的《素质教育系统调研总报告》对素质的概念作出了一个新的界定：“一般来说，素质即人所具有的维持生存、促进发展的基本要素。它是以人的先天禀赋为基础，在后天环境和教育的影响下形成并发展起来的内在的、相对稳定的身心组织结构及其质量水平，主要包括身体素质、心理素质和社会文化素质等。”这就突破了心理学的解释。我觉得这个界定是科学的，符合我国现在通行的术语。语言本身是发展的，科学概念也是发展的。过去我们把生理、心理遗传要素称为素质，后天获得的叫素养。现在把它们合而为一，把在天赋遗传的基础上，经过后天环境和教育影响而获得的品质叫素质。我想也是符合科学的。更何况广大群众已把“素质”作为口头语，广泛应用，已经约定俗成。现在没有必要再重新去争论它，造成新的混乱。

四、适应时代进步的要求，提高国民素质

素质教育的提出还有第二个历史背景和重要缘由，就是从提高教

育质量，提高国民素质出发提出素质教育。20世纪80年代以前，虽然“素质教育”一词未见诸正式文件，但提高教育质量、提高国民素质是中央领导和各级教育部门经常关注的问题。1985年5月27日发布的《中共中央关于教育体制改革的决定》明确指出：“在整个教育体制改革的过程中，必须牢牢记住改革的根本目的是提高民族素质，多出人才，出好人才。”

从20世纪80年代中期开始，中国大地掀起了一股教育改革浪潮。特别是邓小平“教育要面向现代化，面向世界，面向未来”的题词发表以后，许多学校都以此为指针，进行教育改革。因此，各种教育改革实验如雨后春笋般地发展起来。在全国比较有影响的有北师一附小、上海师范附小等七所学校开展的愉快教育，上海闸北八中开展的成功教育，南通师范附小李吉林的情境教育，武汉江岸区的和谐教育等。这些教育改革实验都是为了寻求提高学生素质，探索学生生动、活泼、主动地发展的最佳教育模式。

因此，素质教育是在普及九年义务教育以后，教育界思考教育如何进一步提高和发展而提出来的。

提出素质教育的历史背景，有克服“应试教育”的弊端的要求，但总体上是为了提高教育质量，目的都是为了提高中小学生的整体素质，培养高素质人才。

素质教育的提出，与国际教育发展的形势也有关。20世纪80年代以来，提高教育质量的呼声很高。1983年，美国高质量教育委员会发表了《国家处在危急之中：教育改革势在必行》的报告，不仅震惊了美国，也震惊了世界。各国在八九十年代都出台了各种教育改革方案，目的都是为了提高教育质量。

五、素质教育的本质和内涵

素质教育经过30多年来的激烈争论和研讨，尽管在某些方面还没有达到完全一致的认识，但大体上得到了某些共识。

什么是素质教育？素质教育与教育方针是什么关系？其实素质教育就是要全面贯彻党的教育方针。正是因为我国的教育实际偏离了教育方针指引的方向，所以才提出素质教育。

1999年6月《中共中央国务院关于深化教育改革全面推进素质教育的决定》明确指出："实施素质教育，就是全面贯彻党的教育方针，以提高国民素质为根本宗旨，以培养学生创新精神和实践能力为重点，造就'有理想、有道德、有文化、有纪律'的、德智体美等全面发展的社会主义事业建设者和接班人。"中央文件为"素质教育"下了明确的定义，为20多年来的素质教育的讨论作了科学的总结。

素质教育不是解决当前教育困境的处方，也不是一种教育模式，而是一种理念、一种方针。实施素质教育首先需要转变教育观念，树立正确的教育观、人才观、学生观、质量观。有了正确的观念，实施素质教育会创造出许多方法，当前轰轰烈烈的教育改革实践说明了这一点。

《教育规划纲要》又把素质教育提到教育改革和发展的战略主题的

高度。因此，我们对素质教育要有一个重新的认识，说明它对我国教育的发展，对我国人才的培养具有重要的战略意义。

《教育规划纲要》对素质教育的本质和内涵作了如下解释："坚持以人为本、全面实施素质教育是教育改革发展的战略主题，是贯彻党的教育方针的时代要求，其核心是解决好培养什么人、怎样培养人的重大问题，重点是面向全体学生、促进学生全面发展，着力提高学生服务国家、服务人民的社会责任感、勇于探索的创新精神和善于解决问题的实践能力。"这就是素质教育的本质和目的。对于素质教育的内涵，《教育规划纲要》提出三个要点：一是坚持德育为先，把立德树人作为教育的根本任务；二是坚持能力为重，着力提高学生的学习能力、实践能力和创新能力；三是坚持全面发展，坚持文化知识学习与思想品德修养的统一、理论学习与社会实践的统一、全面发展与个性发展的统一。

素质教育不仅是基础教育的重要任务，各级各类教育都要加强素质教育。素质教育要贯穿到幼儿教育、中小学教育、职业教育、成人教育、高等教育各个阶段。

六、素质教育实施的主要进展

素质教育推行多年来，虽然遇到各种阻力，可谓步履维艰，但基层第一线的许多学校都厉行改革，探索前行，创造出丰富的新鲜经验，涌现出一大批先进典型；广大教育工作者努力转变教育观念、深化教育教学改革，付出了不懈努力。

1．素质教育观念已深入人心，全国各地教育行政部门和学校都在努力探索推行素质教育的新举措。

2．许多地方政府明令禁止小学升初中的考试、各种不必要的测验和假期补课等，想方设法减轻学生的课业负担。

3．广大教师实施素质教育的积极性以及他们的能力和水平有了较大的提高。

4．基础教育新课程改革在全国普遍推行。

5．招生考试制度是大家公认的推行素质教育的最大障碍。

钱颖一

中国教育三十人论坛成员

国务院参事室参事

全国工商联副主席

清华大学经济管理学院院长

除了知识，教育最应该教给学生什么?

为什么我们的学校总是培养不出杰出人才?

要成为创新型国家，不缺创新的意志、创新的热情，也不缺创新的市场、创新的资金，最缺的是大量的具有创造力的人才。

中国是世界上人口最多的国家，也是世界上在校学生最多的国家。中国高等教育在学规模3600万，高校在校生2700万，高校每年录取本科、专科学生700多万，这些数字都是全球第一。中国经济GDP总量是全球第二，占世界经济总量的1/7。

不过，相对于巨大的人口规模和潜在的人才规模，相对于巨大的经济总量，具有创造性的人才，无论是在科学技术成就、人文艺术贡献、还是新产品新品牌新商业模式方面，都显得很不相称，不令国人满意。

缺少创造性人才，教育首先受到诟病。这让我想到“钱学森之问”：为什么我们的学校总是培养不出杰出人才？虽然钱学森当时是针对学术研究而言，但这个问题可以推广到各个领域。更一般的问题是：相对于我们对教育的投入，相对于我们的人口规模，相对于我们的经济总量，从我们的教育体制中走出来的具有创造力的人才为什么这么少?

一个有关创造性的公式

过去十年，我在清华大学经济管理学院担任院长。这十年的经历让我确信，我们的教育体制有它的长处，所以才有迄今为止的经济增长，但也有它致命的短处，尤其不利于杰出人才成长，不利于创新。

其中的一个问题，就是我们对教育的认识，过于局限在“知识”上，教师传授知识，学生获取知识，好像就是教育的全部内容。

“知识就是力量”这句话深入人心，不能说是不正确的。但是，创造知识的力量又是什么？仅靠知识就能创造新知识吗，就能产生创造力吗？我看不一定。创造力需要有知识，但是不仅仅是知识。

人的创造性或创造力从哪里来？我有一个简单的假说，就是：

创造性等于知识乘以好奇心和想象力（creativity = knowledge × curiosity / imagination）。这样一个简单的公式马上告诉我们，知识越多，未必创造力越大。所以，创造力并非随受教育时间的增加而增加。

知识通常是随着受教育的增多而增多。经济学家度量“人力资本”的通常做法，就是计算受教育的年限。但是，好奇心和想象力与受教育年限的关系就没有那么简单了，很大程度上取决于教育环境和方法。

我们有理由相信，儿童时期的好奇心和想象力特别强。但是，随着受教育越多，好奇心和想象力很有可能会递减。这是因为，知识体系都是有框架、有假定的，好奇心和想象力往往会挑战这些假定，突破现有框架，这在很多情况下并“不正确”，所以会被批评，但是这在客观上就容易产生压制好奇心和想象力的效果。

在我们国家的应试教育制度下，情况更糟，当学生学习的目的是为了好成绩，教师教书的目标是传授标准答案，那么教育越投入，教师和学生越努力，好奇心和想象力被扼杀得就越系统、越彻底化，好奇心和想象力的减少程度就越大。

如果创造力是知识与好奇心的乘积，那么随着受教育的时间增加，前者在增加，而后者在减少，结果作为两者合力的创造力，就有可能随着受教育的时间增加先是增加，到了一定程度之后又减少，形成一个倒U形状，而非我们通常理解的单纯上升的形状。

这就形成了创新型人才培养上的一个悖论：更多教育一方面有助于增加知识而提高创造性，另一方面又因减少好奇心和想象力而减少创造性。这两种力量的合力使得预测教育对创造性的贡献很难，但是能解释为什么有些大学辍学生很有创造性。

对我的这个假说的一个支持是去年7月31日美国《纽约时报》的一篇报道，介绍了一项中国、美国、俄罗斯三国教育学家正在进行的研究。在对电子工程和计算机专业大学生“批判性思维”能力的初步比较中，发现一个有趣的现象：

在大学一年级的学生中，中国学生的批判性思维能力测试是三个国家中最高的。但是，在美国和俄罗斯，大学三年级学生比大学一年级学生的批判性思维能力要高，但是在中国，大学三年级学生比大学一年级学生的批判性思维能力要低。

这似乎表明，中国的大学在批判性思维教育方面起的是副作用。由于批判性思维能力与创造性思维能力有一定相关性，所以这个证据与我前面的猜想是一致的。

所以，我对“钱学森之问”有一个简单的回答：不是我们的学校培养不出杰出人才，而是我们的学校在增加学生知识的同时，有意无意地减少了创造力必要的其他元素，就是好奇心和想象力。

如果这是对的话，它对大学教育改革有重要的含义：大学除了教学生知识外，还要创造一种环境，尽力保护和鼓励学生的好奇心和想象力。

下面我把以上的想法进一步扩展。

比好奇心和想象力更一般、更深层的因素，英文有一个词叫作“mindset”，中文翻译成思维模式、心智模式或心态。好奇心和想象力是思维模式、心智模式、心态中的一种。所以，我的更为一般性的假说是：创造力 = 知识 × 心智模式（creativity = knowledge × mindset）。斯坦福大学心理学家德韦克（Carol Dweck）写过一本书 *Mindset: The New Psychology of Success*，中译本是《看见成长的自己》，并没有翻译“mindset”这个关键词。

“mindset”这个词很重要，它不仅是一种能力，更是一种价值取向。创造性心态是一种永不满足于现状、总想与众不同的渴望。

我下面举四个人的例子从不同角度说明具有创造性人的心智模式的特征。

1. 简洁思维

第一个是爱因斯坦（Albert Einstein），爱因斯坦的“简洁思维”。爱因斯坦的心智模式是相信世界是可以被简洁的理论理解，并可以用简洁的公式表述。

他说过，“如果你无法简单地解释，就说明你没有理解透彻”。

在他看来，科学研究不是为了智力上的快感，不是为了纯粹功利的目的，而是想以最适当的方式来画出一幅简化的和易领悟的世界图像。所以，推动他的创造性的动力并非来自深思熟虑的意向或计划，而是来自激情。

2. 不同思维

第二个是乔布斯（Steve Jobs），乔布斯的“不同思维”。

在面对IBM这样的大公司在计算机领域的霸主地位时，乔布斯的心智模式是我要与你不同。

长期以来，IBM的座右铭是创始人沃森提出的“Think”（思考），这就是ThinkPad名称的来源。1997年，当乔布斯重返苹果时，公司正处于低谷。他花重金为苹果设计了一个划时代的广告，在展示出包括爱因斯坦、爱迪生、毕加索等杰出人物之后，推出的最后广告词是“Think different”，就是“不同思维”。

3. 反直觉思维

第三个是马斯克（Elon Musk），马斯克的“反直觉思维”。

马斯克的心智模式受到物理学的影响。他从量子力学中受到启发，发现在量子层面的物理规律与我们在宏观层面的物理学直觉往往是相反的，却是正确的。他从中悟到，不能跟着在通常世界中形成的直觉走。

马斯克还推崇用“物理学第一原理”，也就是一种“追究最原始假设”的方式思考，而不是人们通常用的“类比”方式思考，他运用此逻辑去打造可回收的火箭。这就是原始创新与边际创新的差别。

4. 逆向思维

第四个是蒂尔（Peter Thiel），《从0到1》的作者，蒂尔的“逆向思维”。

蒂尔的心智模式是“逆向思维”，但这种“逆向思维”并不是在多数人想法的前面加一个“负号”，而是要想别人没有思考过的维度，要思考别人还没有想到的领域。

比如，当别人都在讨论技术问题时，他要提出商业模式问题；当别人都在商业模式上纠缠的时候，他的思维更多集中于技术创新。

他的逆向思维不仅使他在2004年成为Facebook的第一个天使投资人，也使他在去年美国大选中成为硅谷唯一支持特朗普的企业家和风险投资人。

在我看来，上面所描述的“简洁思维”“不同思维”“反直觉思维”“逆向思维”，都是具有创造力的思维模式、心智模式。它们不完全相同，也不应该相同。

我想强调的是，它们绝不仅仅是思维技能或技巧，而是一种心态，一种习惯。心智模式虽然在学校很难讲授，但是我相信学生自己可以在感悟中塑造。

同好奇心和想象力类似，改变心智模式和思维方式需要我们的大学尽力创造条件，培育出一种宽松、宽容的环境和氛围，让学生自己“悟”出来，让人才自己“冒”出来。这是我对具有创造力的人才产生规律的基本判断。

最后我想说，创新取决于创造性人才，创造性人才取决于教育。在这个意义上，教育决定未来。

科学探索，技术突破，商业创新，仅靠知识是不够的，还需要有好奇心和想象力，还需要一种开放的、多样的心智模式。

教育，不仅是教，更是育。

项贤明

中国教育三十人论坛成员

南京师范大学教育科学学院教授

民进中央教育委员会副主任

国际比较视野中的创新人才培养

为什么我国学校总是培养不出杰出人才？这个所谓的“钱学森之问”，如今已经成为我国教育界难以面对的一个尴尬。钱学森先生认为，我国学校没有按照培养科技发明创造人才的模式去办学。那么，我国现行的办学模式和学校教育教学实践到底在何处制约了青少年学生创造力的发展？诸如此类的复杂问题，难以用三言两语回答清楚。不过，正所谓“他山之石，可以攻玉”，在国际比较的视野下，我们或许可以尝试对“钱学森之问”作出初步的解答。

一、虚假的问题和错误的方法

如果一场教育改革是在用错误的方法解决虚假的问题，那么除非出现奇迹，否则我们必然不能期待它产生良好的结果。遗憾的是，在实际教育改革过程中，我们却常常是在用错误的方法解决虚假的问题。为什么我国学校总是培养不出杰出人才？我们对此似乎已经形成一个不很确切却相当广泛的共识，那就是我国学生学习内容太多太难。

人们都认为过重的课业负担是抑制青少年学生创造力的罪魁祸

首，可是，稍加思索便不难发现，这种答案似乎不太合乎逻辑。知识对于创造，特别是对于科学发明创造来说，虽不能说是充分条件，但也是必要条件。一个初中物理都没学好的人，恐怕很难想象会在某一天突然得到荣获诺贝尔物理学奖的通知。即便我们强调“过重”的课业负担压制了青少年学生创造力的发展，但逻辑上的矛盾也仍然没有得到解决。我们都坚信，人是天生爱好知识的，那么，多学知识应该使学生感到高兴，怎么会成为“过重”的负担呢？难道说“人天生爱好知识”这一信念是错误的？对儿童强烈求知欲的大量观察告诉我们，这条信念是没有问题的。几乎在每个心智健全的儿童身上，我们都可以看到强烈的好奇心和求知欲，即使他天生懒惰，也不太可能全无好奇心和求知欲。因此，问题可能还是出在关于“课业负担”的假设中。

说到课业负担过重，我们大多喜欢拿我国学校与美国学校的学习内容作对比，似乎美国的科技创新力主要源于学生较轻的课业负担。事实真的如此吗？最能集中反映学生课业负担的是课程和课外作业时间。对比中美学校课程我们不难发现，从小学到大学，美国学校的课程都要比我国学校的课程丰富。这种差距在小学和初中阶段要小些，到高中和大学阶段就拉大了。尤其是美国一些私立学校、特许学校和磁石学校的高中课程，其丰富程度更是我国高中所无法比拟的，其难度也远非我国某些“砖家”所想象的那样低。例如，离散数学、微积分、数理统计、量子力学、地球与空间科学、计算机辅助设计、音乐理论与作曲等都可以在美国很多高中的课程表中看到。

美国的教育制度还允许并鼓励学生在高中阶段选修大学课程，学生将来上大学时就不用再学习这些课程了。美国大学的课程更加丰富，其课程表往往丰富到要用六七位以上的数字来给课程编码，学生依据自身兴趣进行选择的空间之大对我国大学生来说是难以想象的。与此同时，美国大学的高淘汰率也是众所周知的，美国大学生的学习压力实际上比我国大学生还要大。很多美国顶尖大学的学生在学习中都有一股“拼命三郎”的劲头，麻省理工学院甚至曾经出现过学生因为学习压力大而吸食毒品的问题。至于学习时间，美国一般学校学生的学习时间可能的确比我国学生的学习时间少一些，但其差别并没有想象的那么大。而在美国一些好的学校里，学生的课外学习时间比我国学生还要略多一些，这是早已为很多调查研究所证明了的。况且这里还有一个效率问题，我国学生的学习时间长并不意味着有效学习时间就多。

总而言之，美国的高科技成果绝不可能是由一帮学业一塌糊涂的“傻瓜”生产出来的，而是从小就获得良好教育的人才有可能取得的。减轻课业负担就可以提高学生的创造力，这着实是一个虚假的教育问题。不仅问题是虚假的，而且我们用来解决问题的方法也是错误的。很多人都认为“高考指挥棒”是造成“课业负担过重”的罪魁祸首，所以都试图通过高考改革来减轻课业负担。然而，改来改去，无论何种考法，都未见学生的课业负担有明显减轻。有人建议直接通过禁止学校补课和限制教师布置家庭作业的方式来减轻学生课业负担，其结果是学校里的负担似乎是轻了些，而各种课外补习班却日益红火，家长怨声载道。大家都忙着改革，却很少有人静下心来思考问题的症结到底在哪里。

课业负担过重作为一个教育问题是虚假的，作为一个社会问题却是实实在在的。它是一个由人口过多、产业现代化对劳动力素质要求越来越高、社会保障机制不够健全等多种因素导致的社会问题，是由就业竞争的社会压力传导到中小学课堂中而产生的。当用人单位招聘员工要千里挑一的时候，就业压力可想而知；当“985”大学毕业成为招聘初选条件时，人人都想上北京大学、清华大学也就情有可原；当找不到工作就意味着生活窘迫时，就业竞争的社会压力自然会传导到教室里来，甚至要传导到子宫中去。

要解决这个问题，我国就必须进行相应的社会改革，仅仅靠教育改革是不可能从根本上解决这个问题的。至于通过减轻课业负担来提高学生的创造力，那就更是缘木求鱼了。在教育改革过程中，要避免用错误的方法解决虚假的问题，其最重要的一点就是要把决策建立在教育科学研究的基础之上。只有建立了科学的教育决策机制，我们才能避免被某些“砖家”忽悠得无所适从，也才能避免被少数肤浅媒体误导得不知所措。

二、反常现象的背后

很多科学发现往往都是从注意到一些反常现象开始的。有关学生的创造力， 笔者很早就发现了一个反常现象：一些在美国大学攻读硕、博士学位的中国留学生，在基础课程学习阶段的考试成绩多数都比美国学生优秀，可是到了毕业论文研究或毕业设计阶段，他们做得就不如美国学生了。这显然是不正常的。按照常理，课程学得好，基础知识扎实，将来运用这些知识进行研究或设计也应该做得好。到底是什么原因导致了这种反常现象？受条件所限，笔者无法开展经过严密设计的大规模跨国调查研究。但通过简单的观察笔者发现，在这一反常现象背后隐藏着一系列重要的教育问题。

我国教育如果解决了这些问题，那么培养出钱学森先生期望的“杰出人才”或许就有了一定的可能性。具体来说，这些问题主要表现在以下几个方面：

首先，中西方学生的学习方式存在差异。在美国一些大学里，我国学生在课堂上都非常认真地听教师讲课，非常辛苦地记笔记，一般很少提问和发言；而西方的学生看上去似乎没有我国学生认真，不仅笔记记得不如我国学生勤，而且还经常打断教师讲课，提出自己的问题，发表自己的看法，虽然有些问题或看法幼稚得引起哄堂大笑，但他们还是乐此不疲。在课外，一般来说要读完美国教授开列的书目绝非易事，但我们在图书馆看到的多数是西方学生在勤奋苦读，而我国学生却不多。

我国学生在课堂上发言不踊跃，或许可以归结为他们的语言能力有限，或许可以归结为崇尚谨言慎行、谦谦君子的儒家文化对他们的深刻影响，但是这些归因显然不能解释他们在课外与西方学生相反的表现。

而且，通过对比中美中小学课堂的学习状况笔者发现，中西方学生在课堂上表现出来的差异几乎是从小学就开始了。在我国中小学课堂里，语言一般不会构成限制学生发言的重要因素。作为涉世未深的孩子，受儒家文化的熏染也应该不至于如此深厚。可是，他们在课堂上远不如美国中小学课堂上的学生那么活跃，即使活跃，也是在教师操控下的表面活跃。稍加分析我们不难发现，这是由于我国学校的教育方式出了问题。

在我国的课堂上，“认真听讲”是被提升到一种美德的高度加以宣扬和鼓励的。或许是儒家文化长期浸染的结果，我们不知不觉地都在运用这种方式教育学生。于是，从小学到大学，认真听讲、认真记笔记，最终以好的成绩通过考试，几乎已经成为我国学校教育过程的基本流程，课堂记笔记和课后记诵似乎成了教育的主要活动，考试似乎就是教育流程的终点和目标。在课堂上，除非教师有明确要求，否则学生是不能提出自己的问题或发表自己意见的，学生的质疑则更是受到抑制。那些表面上的“积极发言”，其实都是处于教师的监控之下，学生所说的也往往不是自己真正想说的，而是教师想听的。

在教育民主思想的影响下，尤其是在实用主义和进步主义教育哲学的影响下，美国学生在课堂里不仅可以真正做到各抒已见、畅所欲言，而且其学习活动指向的目标并不是考试，而是其未来的生活。现实的社会常识告诉他们，仅仅靠一张文凭根本无法保证得到资本家的雇佣，而是必须真正学会运用所学知识为资本家赚钱的本领，因此，记住课本内容和教师的话不是他们来到课堂的最终目的，这几乎已经成为他们在教育领域的一种集体无意识。这样，在美国大学里看到积极的课堂讨论和勤奋的课后阅读就是自然而然的事情了。

两种学习方式，哪一种更有利于学生创造力的发展，是显而易见的事情。但是仅仅用这种学习方式上的差异显然还不足以解释笔者在美国大学里看到的反常现象，因为如果这就是造成中美两国学生在学位论文研究和毕业设计阶段创造力差距的唯一原因的话，那么所有美国学生的创造力都应该比我国学生高。可是，尽管美国学生在课堂上都很活跃，但是也有不少人的基础课学得差，学位论文研究和毕业设计做得也差。因此，这背后一定还有其他原因。经过简单的访谈和调查笔者发现，那些学位论文研究和毕业设计做得好的美国学生，往往都是在私立学校、磁石学校或特许学校等完成中小学学业的。笔者把这些学校与美国一般公立中小学进行比较发现，这些学校的课程大多比一般公立中小学的课程丰富。尤其是对这类学校高中阶段课程的了解，完全击碎了我们在国内某些专家和媒体共同忽悠下建立起来的那种认为美国教育都是简单的傻瓜式教育的想象。在这些学校的高中课程表中，笔者发现了大量如高级数理统计、微积分、离散数学、黎曼几何、量子力学、地球与空间科学、计算机辅助设计、社会学研究、音乐理论与作曲、营养与有氧运动等众多可供学生选修的课程，其中有不少课程在我国大学课程表里才能见到。

不仅如此，在美国中学里，学生还有很多机会直接学习大学课程，其所获得的学分在上大学时可以得到承认。美国政府还实施了多种教育改革计划，鼓励和帮助高中生选修大学课程甚至直接到大学学习课程。除此之外，这些学校的实验条件也比较优越，学生绝不只是背书本知识和看实验演示视频，而是有大量的机会亲自动手验证和检验课本知识，或动手运用这些知识来制作实际产品。在这样的教育中，青少年的发展空间是完全开放的，一名数学天才就有条件和可能成为一名大数学家，一名音乐天才也有条件和可能成为一名大音乐家。再回头看看我国学校对学生做了些什么：你是刘翔吗，你数学及格没有？你是霍金吗，你体育怎么不达标？你是杨丽萍吗，你英语过没过六级？到这里，我们已经几乎无语了。

其次，中西方学校在课堂教学细节上存在很多差异，这也是影响学生创造力发展的重要因素。

例如，中美学校所布置的作业就很不一样。美国学校布置的作业大多比较综合，甚至动辄让学生写论文。而我国学生的作业绝大多数就是所谓的“解题”。师生特别关注那些解题的技巧，教师出题往往也要精心设计一些诱使学生上当的圈套，以至于像“审题能力”这样一些古怪的概念已经成为我国中小学教育中的重要核心概念。美国学校的作业是让学生运用相关知识来解答和解决实际问题，而我国学校的作业却是迫使学生去解一些莫名其妙的题目，这些题目的原理不一定复杂，但题目本身的弯弯绕却常常令人晕头转向。从教材内容的对比中笔者发现，我国学生所学的科学原理并不比美国学生所学的难，甚至比美国学生学习的还要容易。

由此可知，我国教育实际上不是用高深的科学原理，而是用各种弯弯绕的题目难倒了学生。为了掌握那些解题的技巧，师生不知耗费了多少宝贵的精力，甚至最终也消磨掉了学生对知识的天生兴趣。通过进一步调查分析，笔者发现了教育活动中影响学生创造力发展的更多细节，以及与这些细节紧密联系的制约人创造力发展的某些文化观念，由此也进一步认识到学生创造力培养问题的复杂性。

三、教室内外的文化

教育与社会文化是紧密联系的一个整体，课堂生活也是人社会生活的一部分。对课堂的观察不应该也不可能脱离社会文化。每个人都生活在文化之中，并且每个人的思想和行为，包括创造力的发展，都时时刻刻受到文化的影响。这种影响可能是积极的，也可能是消极的。

文化无处不在的力量，在跨文化的教育观察中也随处可以感受到。对比中美课堂，笔者首先注意到的就是教室内空间布局的差异。我国的课堂大多是一排排一行行整齐有序的座位，学生都面向黑板和教师。虽然近些年开始出现一些新的桌椅排列方式，但是排排坐的“秧田式”排列仍然是最为常见的。而美国课堂里桌椅的排列可以说是五花八门，几乎什么样的排列方式都有。这种直观感受到的差异包含了太多引人深思的内容。总体来说，我国课堂的空间布局是为了便于学生“认真听讲”，而美国课堂的空间布局则是为了便于师生讨论、开展相应活动和动手验证知识等。这种课堂空间布局差异背后隐藏的是教室内权力结构的不同。在我国学校教室里，只有讲台上的教师是权力中心；而美国教室里的权力结构则是分散布局的。在前一种权力结构中，教师扮演的是真理宣讲者的角色；而后一种结构中的教师则只是一个学习活动的组织者，大家是在平等的探讨中学习和建构知识的。表面上看，中美两国的教学都包含讲授、讨论、练习等环节，但其背后对教育本质和师生关系的理解却有着很大的差异。最为重要的是，在美式的课堂权力结构中，学生是作为学习主体能动地参与到教学活动中的，而中式的课堂权力结构却将学生置于一个相对被动的地位。至于哪一种教室文化更有利于学生创造力的培养和发展，这里已无须赘言了。

对待答案的不同态度，也是中美课堂文化中很容易发现的一个重要差异。在美国的课堂里，教师提出一个问题，学生往往会作出各种不同的回答，很多答案都出人意料，有的答案甚至幼稚可笑，但教师的评论一般都是鼓励性的，很少有教师全面否定学生的意见。而在我国的课堂里，书上讲的、教师说的都是学生回答问题的样板，标准答案的霸权几乎是不可挑战的，有些参考答案也是不得不“参考”的，很多时候甚至仅仅格式与教师的要求不符也会被判定错误。

与此相联系，中美学校的教材编写也存在明显的差异。美国中小学有些学科的教材除了编有课堂教学的内容外，往往还有很多背景性的材料，告诉学生某某科学原理是在什么年代何人推翻前人某个结论而提出来的。我国中小学教材的篇幅并不大，但附带的各种所谓的学习参考资料却很多，这些课外资料主要是提供各种解题的技巧以及旨在提高解题技巧的大量练习。一个是以探讨的态度进行知识教学，给学生自由的思维空间；一个是给学生划定框框，不可越雷池一步。一个是奔着科学原理本身去；一个是奔着考试去。哪一种更有利于学生创造力的形成和发展，这几乎是不言自明的了。对标准答案的崇拜或许与我国源远流长的考试文化有着某种内在的联系。我国是世界上最早建立文官考试制度的国家。自科举制度建立以来，世世代代的民众子弟都指望通过苦读实现向社会上层流动的愿望，期盼着凭借金榜题名而光宗耀祖。于是，在我国文化传统中，考试以及要考的那些经典都被赋予了十分重要甚至近乎神圣的意义。受这种文化传统的影响，在今天的教育中，我国仍然不知不觉地把书本知识和考试要求放在了极高的位置上。然而，这样的教育传统，显然已经不符合现代科学发展对创新能力的要求，也不符合现代教育的规律。不仅如此，在科举文化传统中，我国还逐渐发育出一种特殊的记诵文化，即特别重视学生是否记住了某些东西，却不太关注学生是否理解了这些东西以及他们生产出新东西的能力。当人们夸赞一个学者“学富五车”时，其直接的意义也就是说这个人记忆的东西多，即所谓“学问”大。

我国学校对学生在记忆方面的要求也特别多，我国学生要记忆很多西方学生不用记忆的东西，包括要记住某些格式等与知识本身无关的东西。在这里，笔者并不是反对一切记诵，而是说有很多的记诵实在毫无意义地耗费学生的精力，有的甚至直接抑制了学生的内在创新动力。受传统教育中记诵文化的影响，我国学校自然而然地把记诵放在了教育活动的中心地位，而理解和运用知识却在实际上退居其次。在知识总量相对较小的传统教育中，记诵的价值是明显的，然而，时代已经发生了巨大变化。正如维茵伯格（D.Weinberger）所说的：“在知识受到空前颂扬的同时，我们正处于知识的危机之中……我们的脑壳乃至学术机构都小到不足以盛下知识。知识如今已是一种网络资产”，它已成为一种“无底的知识（bottomless knowledge）”。因此，在创新价值凸显的现代教育中，这种过度推崇记诵的文化很显然是弊大于利的。

我国文化传统还特别尊崇“师道尊严”，尽管教师的社会地位不一定很高，但是教师在教育活动中的权威大多会受到特别的尊重。作为集体学习活动的组织者和引领者，教师在教育活动中一般都会有一定的权威，但是教师在教育活动中的权威到底该有多大，这是一个值得探讨的问题。如果教师权威过小，那么其组织教育教学活动的能效就有可能降低；如果教师的权威过大，特别是当这种权威的有效性超越了它本应恪守的范围时，那么就有可能对学生创造力的发展形成压制。笔者认为，既然教师权威的合法性基础在于其组织集体教育教学活动的需要，那么学校就应当把教师权威的有效性严格限定在维持集体教育教学活动秩序的范围内。在此范围之外，我国还是要继续普及教育民主和师生平等的思想，促使教师在教学过程中从真理宣讲者的角色转变为共同探讨者和建议者的角色。这样做的意义不仅仅是为了保护学生的创造力，而是有更多方面的价值，这里不再赘述。

社会生活各领域中的文化总是相互联系的，教室内外的文化自然也不例外。美国学者佛罗里达（R.Florida）于 2005 年出版的《创意阶层的迁徙》一书，在实证调查的基础上详细探讨了适合创意阶层生活之社会环境的诸般特征。他特别强调，文化宽容性和社会开放性是创意阶层选择居所的重要考量指标，并在其研究中以“宽容指数（Tolerance Index）”来衡量一个国家或地区的创新潜力。想一想众多创造天才特立独行的趣闻逸事，我们就不难理解社会文化宽容性对创新型人才的特殊意义了。

如果一个青少年因为想法过于特别、先天是左撇子，甚至仅仅因为衣着出格或头发过长，就遭到我们的嘲弄、排斥乃至制止，那我们还能指望他将来推翻书本上那些众所公认的知识吗？他将来即便有了这种能力，恐怕也不愿意生活在这样的社会文化环境中。相比之下，我国社会的现代性发育还不完善，尊重个性的现代文化还处在培育和成长阶段，因此，我国还需要特别注意建立适合创新型人才生活和成长的社会文化环境。佛罗里达在其研究中从包容不同的价值观念和宽容不同的自我表达两个方面来测量一个社会的宽容指数，这也正是我国在培育和发展社会现代性的过程中应当特别注意的。

四、落入教育理论陷阱的应试教育

我国的课堂生活、教学方式和师生关系等之所以形成了上述的“中国特色”，其直接的深层原因还是在于教育理论中相应地存在着一些重要的缺陷。简单强调以学科知识为中心的教育理论与注重记诵的科举文化一拍即合，发展出一整套以考试为中心、以“讲—背—练—考”为基本环节的应试教育模式。要真正为学生营造一个宽松的、有利于创造力发展的成长空间，我国就必须从教育学理论上进行严谨的反思、深刻的批判和根本的变革。凯洛夫教育学理论和西方行为主义心理学留给我们的遗产和包袱，恐怕是我们首先应当加以清理、分析和反思的。曾任苏联教育部部长的教育学家凯洛夫编写的《教育学》自20世纪50年代初传入我国，虽在20世纪50年代后期受到政治性的批判，但它毕竟奠定了新中国教育学理论的基本框架，这个框架实际上至今都没有发生太多的改变。凯洛夫在其教学理论中特别突出我们常说的“间接经验”的认识价值，强调教师、教材、大纲和教学计划等在教育活动中的重要性。他认为，教学即是通过教科书的学习使“学生领受既知的、为人类所获得的真理（知识）”。他还特别指出，学生“并不负有发现新的真理的任务”。虽然这种把教育活动与科学研究活动区别开来的说法有一定道理，但是它在另一方面却忽视了教育活动与科学研究活动之间的内在联系，忽视了从事科学研究的人是教育培养出来的，而学生所学的知识是在科学研究中发现的。虽然凯洛夫也强调知识的理解和运用，但是他过度强调了教师和教材在教育活动中的作用，一定程度上忽视了学生在教育活动中的中心地位。这种理论指导下的教育，有可能培养出十分出色的工程师，却不易培养出富有创造力的杰出科学家。凯洛夫对杜威的进步主义教育思想持批判态度，他的很多观点与杜威的进步主义思想是对立的。强调学科知识体系和强调学生能动参与都没有错，在教育活动中这两方面都不可偏废，而强调学生能动参与显然更有利于学生创造力的发展。从一定意义上说，如果凯洛夫的教育学更适合培养工程师的话，那么杜威的教育学似乎更适合培养科学家。钱学森先生曾感慨民国时期我国教育倒是培养了不少学术大师。造成这种现象的原因当然是复杂的和多方面的，其中一个原因或许正是当时杜威的进步主义教育思想在我国的影响较大，而陶行知等一批教育家又在教育界积极践行这种把学生放在教育活动中心的教育思想。加之当时国家战乱令政府无暇对教育进行过度的干预，这在客观上给了教育界尤其是大学一定的自由创造空间。在古今中外诸如此类不同的教育理论和教育实践之间进行比较分析，无疑有利于我们更清楚地认识今天所面临的教育问题。凯洛夫教育学理论与我国教育领域传统的记诵文化相结合，产生了一个极度压制和摧残学生创造力的教育模式，即所谓的“应试教育”。我国学校要求学生熟记那些表述人类宝贵的“间接经验”的语句、公式等符号，并以其在考试中能否正确复述这些符号作为衡量教育成功与否的标尺。于是，学生被迫记住了大量的符号，却对这些符号的意义不甚了了。他们或许能够把表述某一哲学原理的话一字不漏地记住，却没有很好地理解那一条哲学原理，而考试仍然可以得到很高的分数。他们可以在 TOEFL 和 GRE 中考出高分，到了美国课堂上却听不懂、不会说。

我们多年来一直批判应试教育，而对应试教育的陷阱究竟在何处却少有深刻的反省。符号是表达知识的，教育的真正目标在知识而非符号。教育当然要教授知识，但教育不只是教授知识，甚至教育也不应止步于使学生理解和应用知识，教育最终还要给学生以运用知识进行创造的能力。如果没有科学文化知识，自然难有生产新知识的创造力，而如果仅有一堆死知识，这样的“学问”再大又有何意义？如何兼顾这两个方面，尤其是如何始终不忘“知识教学的真正目的是人的创造力而非知识本身”，这值得我们认真加以思考和实践。通过进一步探讨笔者发现，过度受行为主义心理学的影响或许是导致我国教育理论把教育活动中的学生看得比较被动的一个重要原因。无论是受到巴甫洛夫带有浓厚生理学色彩的行为主义心理学思想影响的凯洛夫教育理论，还是后来引进的桑代克（E.Thorndike）、斯金纳（B.F. Skinner）等人以动物实验为基础的行为主义心理学思想影响下的所谓“科学的”教育学理论，他们都把教育活动中的学生当作被训练和被改造的对象来看待，都认为教育就是作为教育者的教师通过其教育活动使作为受教育者的学生之思想和行为发生变化。新行为主义的代表人物斯金纳在哲学上的一个重要作为就是解构了“自主人”的概念。他坚信：“对人类行为的实验分析必将使自主人丧失我们以前所赋予他的所有功能，并把他们一个一个地转移到控制性环节上。”在这种理论指导下，我们用所谓“教师主导，学生主体”这种模糊的表述，把教育活动中主体际交往关系变成了控制者和空有“主体”其名的被控制者之间的关系，因此，我们在教育实践中往往一面高喊主体性，一面却忽视学生的主体性。

这种忽视学生主体地位和能动作用的教育，又如何能保护和提高学生的创造力呢？要承认人的主体地位，我们首先必须承认创造是人的一种天赋能力，承认人都是自己创造自己的，而不是被他人改造的。

杜威在 20 世纪 20 年代就已经让美国人明白了这样一个道理：教育不是“教师告诉和学生被告诉”，而是学生“天赋能力的生长”，是人的“经验的改组或改造”，它就是我们的生活本身。“直接经验”也好，“间接经验”也罢，它们都只有变成学生自身经验的一部分，才可能成为支持其创造力发展的基本因素。在教育过程中，学生只有以人类间接经验和自己直接经验为基础，并作为主体在自身的活动（包括思维活动）中建构起自己的知识结构，才能获得真正有价值的、活的知识。创造力的培养是一个十分复杂的教育问题，它受到教育方式、社会文化等多方面因素错综复杂的影响。要比较全面彻底地弄清这个问题，我国需要开展大规模的跨文化教育调查研究，进行多学科交叉分析。对我国教育改革和发展来说，开展这方面的研究是很有意义的。

袁振国

中国教育三十人论坛成员

华东师范大学终身教授

国家督学

中国教育学会副会长

走向2030年的教育

当我们在谈论未来的时候，未来已来，当我们讨论将至的可能性时，将至已至。面对席卷而来的未来浪潮，我们只有以变革的姿态迎接未来，决胜未来。

未来似乎很遥远。可是世界变了，现在和未来的界限变得模糊，我们一只脚踩在现在，一只脚已经跨进未来。人类进入网络时代到现在才20余年。20多年来，人类从IT（信息）时代进入了DT（数据）时代，又从DT时代进入了AI（人工智能）时代。人们完全没有做好准备，猝不及防。世界发展的速度超过了人们的想象力，日新月异的科学技术把我们带进了不熟悉的、未来的世界里。

泛在教育解开“乔布斯之问”

苹果公司创始人乔布斯在其生活的最后几年多次感叹：“为什么计算机改变了几乎所有领域，却唯独对学校教育的影响小得令人吃惊?”然而，近些年互联网、云计算、移动通信、穿戴设备、大数据的整体突破，快速发展的物联网和人工智能，正在给今天的教育带来全新景观，勾画出未来教育的基本框架，展现出未来教育的无限魅力。

“校园”“教室”“教师”，一提到学校，这三个概念一定会自然浮出脑际。可是由于互联网的出现，以及越来越多生动高效教学软件的出现，固定的人在固定时间、固定地点，学习固定内容的传统教育正在消解，任何人在任何地点、任何时间，学习任何内容的泛在教育正在兴起。网络就是校园，移动终端就是课堂，能者即为教师，教育正被重新定义。

到目前为止，教育虽然对信息化的反应还比较“迟钝”，但“后劲”十足。泛在教育的威力目前在正规的教育体系内尚未爆发，其中既有教育特别复杂的原因，也有技术需要进一步完善和配套的原因，更有体制惰性的原因。当传统教育系统的围墙被拆除后，泛在教育的前景不可限量。事实上，体制外教育借助信息化的力量获得的成效已十分壮观。很多培训机构，没有传统意义上的校园、教室，甚至没有固定的教师，却有几万名甚至几十万名的学生，可以产生几亿元甚至几十亿元的教育服务产值。学校没有传统的年级与班级，同学没有年龄、资历的限制，每个人都有一张属于自己的课程表。在互联网不断普及的同时，云计算、大数据、移动通信、机器学习、穿戴计算等纷纷取得突破，互联网的功能将更加强大，泛在教育不可避免地将从边缘走向中心。

随着经济全球化进程的不断深入，跨国公司把不同国家、不同文化的产品、管理和观念带向全世界，使之既相互竞争又相互交融、相互促进。同时，国际标准、国际规则被制定和推广，人才流动向广度和深度两个方面拓展。但是，语言的差别始终是国际化进程的巨大障碍。而人工智能在语音识别、语义识别技术方面的重大进展，使得教育格局发生重大变化，使每个国家的教育面临重大挑战。有学者曾经预言，未来世界的大学将分成两类，一类是知识传授和创新的主导者，一类是主导学校的办学点和辅导站。信息流动、人员流动更加快速和深刻，文化渗透和竞争更加剧烈。世界上最大的公司不再是生产物质商品的公司，而是教育公司，它的触角、它的影响力将遍及世界的每个角落。

智能化与个性化携手而来

美国著名未来学家库兹韦尔预测，2045年前后，人工智能将超过人的智能，人的智能会逐步非生物化——一个新的文明正在冉冉升起。库兹韦尔的预测正被人工智能技术的不断突破所印证，智能化教育也初见端倪。

首先是智能校园建设，推动人工智能在教学、管理、资源建设等全流程应用。以物联网为基础的智慧化的校园工作、学习和管理一体化环境，是目前智慧校园的主要内容，将连接校园网中的各个物件，连接人和人、人和物、物和物之间的信息输送与反馈。未来教室是智慧校园建设中的一个重要成果，它将颠覆学生、家长对传统教室的想象。黑板、粉笔、教科书将退居次位，超大屏幕电子白板，图文并茂、声像结合的内容呈现，装载着生动有趣互动教材的电子书包，可以直接完成并提交作业，在上面回答、讨论老师提出的问题。

其次是开发基于大数据智能的在线学习教育平台。慕课（MOOC）即大规模的开放的在线课程，是运用这种教育平台的一个典型例子。只要有网络，学习者就可以和老师进行远程互动，听老师讲课，向老师提交作业，老师也可以即时在线批阅，并迅速反馈学生答题情况。它的更大的优势在于互动连接，通过远程互动系统实现班级与班级、学校与学校之间的交互学习，分享来自全球最好的教师的讲座与教学资源。

再次是开发智能教育助理，建立智能、快速、全面的教育分析系统。现在运行着的慕课（MOOC）系统还只是一个低版本的在线学习平台，慕课加上人工智能，将会使在线学习如虎添翼：实现海量资源、共同学习与量身定制的高度统一；可以根据不同学习者的特征进行自动诊断、自主推送适合难度的内容，自动编制有利于特定学习者的习题，自动提出适合的阅读建议，使教育的个性化真正成为现实。

人类的教育活动经历了两个大的阶段：个性化的精英教育阶段和集体性的大众教育阶段。随着信息技术在教育上的广泛运用，教育将进入第三个阶段——个性化的大众教育阶段。在互联网的环境下，每个学生都可以成为一个独立的学习主体，可以选择和得到有效推送符合其自身特点的内容；学习者的交流对象不仅有教师，而且有网络社区空间的所有相邻、相近、相知的同伴，学习者的自主交流成为广阔有效的重要渠道。学习者既是信息获得者也是信息输出者，既是学习的发起者也是学习的受益者，不再是教师教什么、怎么教，学生就学什么、怎么学，而是学习者希望学什么就能获得什么，学习者希望怎样学就可以安排怎样的进度和方式学，“以教定学”的千年模式逐渐被“以学定教”所代替。

以变革姿态迎接教育明天

当我们在谈论未来的时候，未来已来；当我们讨论将至的可能性时，将至已至。面对席卷而来的未来浪潮，我们只有以变革的姿态迎接未来，决胜未来。

线上线下深度融合。互联网在教育中的应用停留在辅助阶段的现象已经处在重大变革的前夜。本世纪以来，我国政府始终不遗余力地推进教育的信息化，并强调以教育信息化带动教育现代化，实现了“校校通”“班班通”“人人通”三步跨越，基础设施建设走在了发展中国家的前列。我们必须再接再厉，主动拥抱互联网背景下的教育，通过线上线下的深度融合，把教育公平和教育质量提升到一个新高度。

供给可选择的教育。小型化、多样化、个性化是信息社会的基本特征和持久走向，个性化教育的要求将是社会对教育的最大诉求，也是办人民满意的教育的最重要保证。我们要深化教育领域内供给侧改革，提供多种资源、多种渠道和多种模式的教育，提供良好的选择机制，不断提高适合教育的水平。

转变教师角色。随着现代信息技术和人工智能的发展，传统的讲授将被丰富生动和更加具有针对性的信息传播所替代；机械的练习、作业批改将被人工智能取代。简单重复的劳动被技术取代之后，教师的工作内容将聚焦于更复杂、更富于情感性、更富有创造性和艺术性、更具互动性的“人”的教育活动。学科分化、分科教学的地位将不断下降，复杂性教学的意义将不断上升；低情感教学任务将逐步被信息技术所替代，教师将聚焦于高情感教学活动；当机械的、简单的、标准答案的教育更多由技术手段完成之后，教师则更多从事创造性、艺术想象性的教育；学生只是接受知识“容器”的观念在未来教育中将被彻底摒弃，学生既是知识的接受者，也是知识的创造者，师生教学活动既是既有知识的传递过程，也是新知识的创造过程。

创新教育管理。统一性、标准化、以教定学是现代教育制度的基本特征，招生、学籍、学分、文凭、职称、职位等的控制是教育管理的关键要素。但是，随着信息技术的进一步发展，这样的管理制度已经越来越不能适应互联网背景下的教育新景象和新要求了。互联网思维有几个最重要的特征：一切皆可联系，人人都是中心，数据是最重要的资源，共享才能共赢。相应地，打通系统障碍，破除条块分割体制，增强非线性联系，从单一中心走向多节点中心，扩大开放，减少信息不对称，改变零和游戏观念，促进健康竞争，探索和建立适应互联网背景学校教育的管理制度和管理办法，是拥抱未来教育的重要期待。

总结发言

朱永新

中国教育三十人论坛成员

全国政协常委、副秘书长

民进中央副主席

新教育实验发起人

更好的教育，更好的生活

我们的会议开了整整八个小时的时间，大家可能已经比较疲倦吧？我今天早上是四点半起来的，听了一天的专家发言，非常有收获，但现在脑子也不太好使了。

我个人认为，中国教育三十人论坛的特点是架起了三个桥梁：

首先是不同学科之间的桥梁。中国的大多数论坛基本上都是同一个学科的人在说同一个学科的话，而三十人论坛一开始就努力地吸引各个学科的人关注教育行业的问题，从他们的视野发现教育的问题，贡献他们的学科思想和智慧。所以，我们论坛的成员除了教育家以外，还包括哲学家、法学家、经济学家等。我们期待不同学科的碰撞能够激起思想的火花。

其次是学术研究与公共政策之间的桥梁。中国教育三十人论坛不仅仅搞“坐而论道”，更要“建言谋策”。每次论坛结束之后，我们都会梳理专家的意见，然后向教育行政部门和有关领导提出我们的建议。我们提出的建议得到了国家领导人的关注，教育行政部门也非常重视。我们认为，学术研究最大的价值在于能够转变成为公共政策，否则学界的人自说自话，很难真正影响决策。中国教育三十人论坛成员中有一些来自民主党派，很多人可以通过参政议政的路径把论坛的意见和建议及时反映，及时建言献策，这也是我们论坛的重要优势。我们还把论坛的相关成果通过两会提案、建议与议案以及社情民意的信息等向有关部门报送。

再次是思想者和行动者的桥梁。中国教育三十人论坛成员不是一个纯粹的理论家的组合，每次论坛我们也非常注重邀请来自一线的行动者，我们的成员中有来自一线的教育局长、学校校长和教师。我们一直认为，教育的创新并不是教育行政部门坐在办公室里拍脑袋想出来的，也不是理论家闭门造车制造出来的，更多的是一线的行动者创造出来的。架起思想者和行动者的桥梁，这是一个世界性的难题。美国光是研究学习科学的顶尖科学家就有一千多人，但是他们研究的许多成果进不了学校，一线老师不买账。中国的情况有些相反，一线的老师非常需要，但是我们真正的研究成果非常少，尤其是面向一线的实证研究更少。三十人论坛一直努力地想搭建这样的桥梁，我们期待，通过我们的努力能够真正聚焦中国教育改革发展当中的重点、难点和热点问题，帮助一线的教师和管理者解决行动中的困惑。

今天我演讲的题目是“更好的教育，更好的生活”，这也切合了论坛的主题“教育创造美好生活”。我们知道，党的十九大报告指出：中国特色社会主义进入新时代，我国社会主要矛盾已经转化为人民日益增长的美好生活需要和不平衡不充分的发展之间的矛盾。这个基本的判断，揭示了制约我国社会发展的关键问题，明确了解决当代中国发展问题的根本着力点，也为我们的教育发展指明了方向。

人民对于美好生活的向往是什么？2012年11月，习近平在刚刚当选总书记与中外记者见面时指出，我们的人民热爱生活，期盼有更好的教育、更稳定的工作、更满意的收入、更可靠的社会保障、更高水平的医疗卫生服务、更舒适的居住条件、更优美的环境，期盼着孩子们能成长得更好、工作得更好、生活得更好。人民对美好生活的向往，就是我们的奋斗目标。可见，教育是美好生活的第一要务。这也是十九大报告再次把教育作为民生的第一个问题来论述，把优先发展教育作为国家的重要发展战略的原因所在。

我们知道，对美好生活的向往，对美好教育的追求，这不仅是中国的问题，也是全世界的问题。在全世界的范围内，除了北欧的一些国家，如芬兰、丹麦等对自己的教育满意度会比较高一点外，大部分国家，包括美国和日本等在内，都对自己的教育不很满意。当然，因为我们总是向往着更好的教育、更好的生活，所以这种不满意恰恰是教育发展的动力源泉。

怎么破解这个问题？我们论坛用了一个副标题，这就是“激发教育活力”。

应该清醒地看到，改革开放以来我们虽然取得了很大成就，在很短的时间内解决了穷国办大教育的难题，实现了普及义务教育和高等教育大众化，但是，与整个经济社会发展的不均衡不充分相比，教育发展的不均衡不充分状况更为突出。我国的城乡之间、东西部区域之间、同一个城市的不同学校之间、社会的不同人群之间的教育还不平衡，幼儿教育、特殊教育、职业教育、终身教育发展还非常不充分，人民对教育的满意程度还不高，教育改革的空间仍然很大。

如在学前教育方面，普惠性幼儿园资源供给不足，高素质幼儿教师严重短缺。在基础教育方面，学生课业负担重，应试导向的问题依然严重。在职业教育方面，劳动者数量不足、质量不高，技能劳动者仅占就业人员的19%，高技能人才数量不足5%；技能劳动者的求人倍率一直在1.5∶1以上。进城务工人员中接受过职业技能培训的仅占30%，缺乏职业技能成为影响他们融入城市、成为新型产业工人的重要障碍，也严重制约了经济社会发展的品质。高等教育方面，追求学位点和排名榜的教育GDP等问题仍然突出。

人们对美好生活的向往，首先表现为对美好教育的向往。而解决中国教育问题的关键，是通过全面深化教育改革实现教育治理的现代化。实现教育治理体系与治理能力的现代化，关键就是要构建政府、学校、社会的新型关系，以推进教育管办评分离为基本要求，以转变政府的教育职能为突破口，建立一个系统完备、科学规范、运行有效的制度体系，形成政府宏观管理、学校自主办学、社会广泛参与的格局，更好地调动中央和地方的积极性，激发每所学校的活力，发挥社会力量的作用，把全社会的智力资源和财力资源源源不断地引入教育，让教育更有活力。这也是解决中国教育发展不均衡、不充分的基本路径。

应该承认，现在中国的财力资本与人力资本还没有进入教育。最近财力资本开始关注教育，也带来了新的风险。因为，资本总是逐利的，但在逐利的过程当中我们怎么引导？怎么让它变性？美国的许多知名的大学民间资本非常多，但他们是非营利的。我们的民办教育促进法规定义务教育的非营利性，这是有道理的。社会的广泛参与，不仅包括企业，也包括大量的社会机构和公益机构。相对而言，我国的企业和社会机构参与教育的深度和广度是非常不够的。这个题还是没有破。

2018年是中国改革开放四十周年。其实改革开放最重要的经验就是两个字——“解放”。中国人的勤奋和聪明是全世界少有的，只要我们给舞台、给机会、给政策，解放以后释放的能量是惊人的。学校、教师能够做出我们想象不到的事情，许多创新的东西都是在没有被发现、没有被管理的时候自发冒出来的。比如马云的淘宝，如果用传统的管理方法是不可能出现的。它是在管理部门“打瞌睡”的时候成长起来的。我们要把这种“打瞌睡”的机制改变为主动鼓励的机制，更好地鼓励教育内部和外部去创造，这样的变化就可以激发我们民间的活力。现在我们的学校管得太死，学校校长一年开会的时间非常之多，有统计说每天要五个小时以上。没有真正的自由，包括精神的自由、思想的自由、行动的自由、时间的自由，教育是无法有活力的。

这里，围绕如何激发教育活力的问题，围绕如何办更好的教育的问题，我再谈几点个人的想法：

第一，更好的教育，需要进一步加大放管服的力度。真正做到简政放权、放管结合、优化服务。李克强总理在2016年曾经说：“‘放管服’改革实质是政府自我革命，要削手中的权、去部门的利、割自己的肉。” 中国教育问题的主要症结，还在于管得太死、统得太多，结果经常是要么“一窝蜂”，要么“一刀切”。因此，当务之急是发挥学校、社会、政府部门各自的职能与积极性，各负其责，各司其职，该管的管好，该办的办好，该评的评好。要更多地运用法规、规划、标准、政策、财政、信息服务等方式或杠杆指导和监管，推动治理工作从以事前审批为主向以事中、事后监管为主转变，从微观管理向宏观管理转变，从直接管理向间接管理转变，从管理为本向服务为本转变。

第二，更好的教育，需要树立法治思维，真正落实依法治教，将各个方面的治理力量约束在法制的总体原则下。坦率而言，很少有机构真正从内心愿意去放权。如果没有法规进一步地明晰哪些是政府该管的，哪些是政府不该管的，教育的问题也是很难解决的。教育的立法太滞后了，学前教育没有学前教育法，你怎么管理？教育上，能否更多地搞备案制而不是审批制？真正的有效管理，通过法律法规建立备案对教育的发展更有积极意义。如办学校，达到这个条件就可以先备案，因为审批周期很长，会增加办学校的风险，也会吓跑许多投资者。社会资本不愿意进入教育，是因为进来以后风险成本太大。

我们建议，一方面要形成问计于民的教育民主决策机制。通过规范化、制度化的法律法规保障，释放教育机构办学热情，规范教育机构办学程序，引导教育机构治教的程序性安排，确立教育机构的法人治理模式。另一方面，通过法律法规将各种教育行为约束在法律之下，对教育体系及各个子系统进行监督管理，确保教育主体能够全身心地开展教学工作。通过立法鼓励企业、社会单位、个人捐赠教育事业，给予包括税、费方面的优惠。

第三，更好的教育，需要加大教育供给侧改革的力度。比如，在幼儿教育阶段，能否发展一些“居家式”幼儿园？我刚刚从新西兰回来，他们的法律规定，一个经过培训的母亲在安全条件许可的情况下可以在家中带四个孩子。如果我们有这样的政策，也可以缓解一下目前幼儿教师短缺的问题。在普通教育阶段，能否鼓励一些小微学校（ALT学校）？现在我们办学条件规定得太严格，其实，应该鼓励利用社会实施办学，鼓励小规模的学校。小规模学校更容易因材施教，更能够进行个性化教育，也更方便转型。能否打通学校教育、网络教育与培训机构的壁垒，减少教育资源的多头配置和重复占用？能否通过政府购买公共服务的方式让三者融会贯通？比如，在职业教育方面，能否请中等职业学校和高等职业院校在农民工相对集中区域开设集中教学点，结合产业发展与企业需求，设计更加务实高效的培训课程，以及规范市场价格和培训讲师质量等一系列措施，让农民工能够边打工养家、边上学培训，甚至通过学分累计的方式获得学历？新加坡的文化部长跟我讲，他们最近对二十五岁以上的成年人每人发放了五百新币，鼓励成年人接受职业培训。我们能否先从进城农民工开始，给他们一笔钱，让他们选择职业培训？现在整个劳动者的技能训练机会非常少，也非常不方便，大部分职业院校对他们是不开放的。他们在就业之前没有经过培训，就业以后也没有继续培训的机会，我们能不能把培训送到农民工的门口？夜间和周末能不能开放，用学分制的方式进行管理？在中外合作办学方面，能否借鉴西交利物浦大学、广东以色列理工学院等模式，既满足部分人群不出国的留学需求，也为国内高等教育带来了竞争局面。

第四，更好的教育，需要构建统一的“全国教育公共服务平台”，为教育治理现代化提供技术服务支持。通过搭建平台，为师生提供优质教育资源和各级各类的在线教与学的条件；为学生提供招生、就业等各类信息查询、问题咨询建议、在线业务办理、学分银行、学籍学历认证等相关服务；为教育参与者包括相关企事业单位、社会组织提供企业资质认证、政策咨询、事务办理、监督审查等服务。我们正在探索的学分银行就是一种努力。这个学分银行模拟和借鉴银行的机理、功能和特点，以学分为计量单位，实现各级各类学习成果的存储、认证、积累、转换的学习模式和教育管理制度。它利用信息化手段扩大优质教育资源共享的有效机制，是搭建终身学习“立交桥”、促进教育公平的有效途径。我们设想构建一个统一的全国学分银行，所有的学习过程都可以在上面记录和呈现，贯通从摇篮到坟墓的全过程，打通各个学习阶段、各种学校之间的壁垒。从生下来以后一个人所有的学习历程，包括参加学校和社会教育机构的学习，包括自己的阅读的情况等，都可以通过学分银行原生态地记录下来。现在我们考核一个人的办法只有一个，就是看他的考试成绩，未来应该从结果管理变成过程管理，动态性地、全面地了解一个人。这样全国统一的教育平台非常重要，现在所有的教育评价都是碎片化的，没有办法把一个人学习成长的历程整合在一个平台上面，建议利用国家开放大学的体系建立这样新型的平台。

第五，更好的教育，需要更加重视教师问题。可以通过进一步加大教师培养的开放性，鼓励重点综合大学参与教师培养工作，鼓励政府采取购买公共服务的方式解决教师编制不足问题，鼓励打通学校教育与社会教育机构的壁垒，鼓励退休知识分子和社会志愿者到农村边远地区从教等一系列措施，进一步加大教师队伍建设的力度，提高教师队伍的素质与活力。

第六，更好的教育，需要充分前瞻科技发展对未来教育的影响，积极强化互联网对教育公平和效率的推动作用。科技的发展日新月异，虚拟现实、人工智能等正以超出人们预想的速度发展，一个又一个互联网技术的爆发点，将各行各业引入新境地。名课、名师等原本有限的各类教育资源，借助互联网的力量，悄然进入寻常百姓家。信息时代大潮的冲击，将会对教育领域产生怎样的影响？将给教育创造带来哪些新的突破性发展？将给传统教育带来哪些颠覆性挑战？将在未来的学校形态、教学模式、学制设计、教师培养、学习方式等方面，带来哪些创新的机会？以信息时代的互联网思维去思考，以互联网特点去部署，当我们面向未来布局，提出适应教育结构性变革的措施，就能赢在未来。作为人工智能的强国，我们的教育完全可以借鉴商业的淘宝、金融的支付宝、交通的共享单车发展的成功经验，实现教育的快速发展、满足人们对更好教育的需求。

第七，更好的教育，需要记住教育的根本目标——过一种幸福完整的教育生活。“幸福”不仅仅是教育的目标，更是人类最终极的目标，也是美好生活的重要标志。更好的教育，应该让每个孩子真正快乐、自主地学习，能够真正地享受学习生活，能够发现自己的潜能与天赋，在和伟大事物遭遇的过程中发现自我、成就自我，成为更好的自己。教育到底要做什么？其实学习的过程本来就是充满着挑战和快乐，但现在我们很多学校的孩子是不会笑的，没有办法从心底涌动幸福，这是因为我们用统一的考试、统一的大纲和统一的评价，把本来具有各种可能性、多样化的学生培养成为同质化的“标准”人才，这样的教育，是培养了一个英雄和无数失败者。这不是教育的方向。未来的教育评价一定会有根本性的变化，难道没有评价和考试国家的竞争力就不强吗？人的本性中有探寻世界的好奇心，也有追求智慧的本能，所以对大部分人来说，只要掌握了最基本的知识就足够了。现在我们整个的知识体系太难了，完全没有必要这么难。相对而言，我们对基本的做人的道理、基本生活的技能、基本的人生价值的追寻，远远不够重视。让一个人做他最喜欢的事情，这是一个非常重要的理想。如果我们的孩子都能够做他们喜欢的事情、选择他们喜欢的专业和职业，这个世界、这个社会就会更加和谐，我们的教育也会更加有希望。我们的路还很长。所以，我们要对教育有更大的期待，尤其要鼓励民间各种各样的探索。多一点宽容，教育才能从容，让人们去尝试把更多的自由给教育、给学校、给孩子，让他们去想、去做、去发现、去探索。

更好的教育，更好的生活。（Better education，Better life）这不仅是党中央的倡导，更应该成为我们的教育自觉。更好的教育，才能有更好的生活，才能增强人民群众的获得感，才能为经济转型、科技创新、文化繁荣、民生改善、社会和谐提供更有力的支撑，为实现“两个一百年”奋斗目标、实现中华民族伟大复兴中国梦，奠定坚实的基础。

更好的教育，本身就是更美好的生活。让我们一起努力，用更好的教育创造更美好的生活。

互动对话

参与嘉宾：朱永新

提问：

朱老师，你们都是当年中国教育体制下的精英和学霸，为什么今天却有一种强烈的改革情怀和期盼？

朱永新：

我们这些人不是学霸，因为不是在应试教育体系下成长的，应该是在比较自由和宽松的背景下成长起来的，正是在这一点来说，我认为最好的教育是自己对自己的教育。今天李希贵老师讲的是有道理的，学校需要提供一个更方便、更美好、更理想的环境，让学生在这里得到更好的成长，因为这里有更多的资源和帮助。高考的经历和工作的经历都可能对人的发展产生影响，但是，因为大的教育背景、大的教育环境对所有的人都是一样的，所有的时代都有一些人会自由地生长，即使在现在压力如此之大，应试压力如此之强的情况下，依然有不少人能够脱颖而出。无论在怎样的学校，总有一些人会自由生长，总有一群人是怀有着好奇心的，总有一些特殊的天才。所以，最好的办法是不要管得太多，我们现在还是管得太多，管得太死。

附录

中国教育三十人论坛第四届年会情况报告

2017年12月23日，中国教育三十人论坛第四届年会在北京举行，论坛的主题是“教育创造美好生活”。本次论坛聚焦“激发教育活力”，就新时代中国教育创新发展，以及重点领域、发展环境、难点突破进行了广泛而深刻的研讨，各位与会嘉宾提出了以下一些非常好的观点与建议。

一、这次论坛推出了一个引发热议的概念——“杨振宁悖论”（杨振宁提出的美国教育的逻辑悖论）。它警示我们，激发教育活力已经成为新时代中国教育改革发展优先考虑的重大课题。

有专家提出，如同“钱学森之问”，杨振宁先生多次提到美国教育的一个逻辑悖论（杨振宁悖论），就是美国学生平均数学水平似乎非常差，你完全可以相信这个话有道理，因为多种国际测试、比赛都证明，美国学生的数学平均水平、能力的确不高，但同时，全球数学研究做得最好的，往往也是美国人。在物理、化学、金融、互联网等诸多领域，似乎都有这样的逻辑悖论。

为什么会是这样？美国教育的回答是，尽管一百个人、一万个人的平均学科水平看上去很差，但由于从幼儿园开始美国人就不搞单纯的应试教育，而是实行兴趣教育、乐趣教育，为学生的兴趣发展提供机会与环境，鼓励有专业学科特长与兴趣的学生深钻细研，最大限度地激发学生的主体活力。因此，美国学生的学习与研究潜能得到了最大限度的发挥，出世界一流创新人才理所当然。

可见，活力问题与教育公平、质量等问题一道，是新时代中国教育面临的几大重点问题之一，是构建“教育强国”的一个关键问题，是构建与创新型国家战略相适应的教育机制的一个关键问题。

有专家提出，身处新时代，激发中华民族的教育活力正当其时。教育活力是教育系统和组织在一定社会和历史背景下按照系统和组织特性运营时所表现出来的生命力、适应性和可持续发展的能力，可以反映教育系统的整体健康状况及组织、学校的健康状况与动力机制，意味着教育主体的主动性与创新精神。“问渠那得清如许，为有源头活水来。”只有构建充满活力的机制体制，才能有助于教育目标的实现，有助于教育系统、组织与要素得到更好的成长，才能建设与时代相适应的创新国家与创新社会。

二、激发教育活力，要做到课堂以学生为中心而不是以教师为中心，学校以学生和教师为中心而不是以校长为中心，社会的教育体制以学校为中心而不是以政府管理部门为中心。

当今时代，人才不是培养出来的，而是“生长”出来的。激发教育活力，关键是激发教育主体——学生的学习与创新活力。学校的一切改革，最终都是为了激发学生的学习和发展活力。而在现实中，我国的学校、教师与家长“活力”十足，这些有活力的学校、家长和老师把学生搞得死去活来、毫无活力。这些“活力”不但不能帮助学生增加学习与研讨的内在动力，反而给学生的活力带来了伤害。

唯有兴趣才会成长，唯有自由才会创造。本来，学生到学校读书学习，应该是自由自在的，是快乐的，心灵是敞开的，而我们的教育把学校地位中心化，从课程设计、考试内容到成绩要求，似乎都是学校与老师的事情，学生一进校门就成了被动的、从属的与第二位的，成了精致的利己主义者，学校成了“名利场”，老师成了“名利工程师”。

其实，学校教的应该是基本的做人道理、基本的生存技能、基本的人生追寻，让学生发挥特长与兴趣，做喜欢的事情，实现个性发展、创新发展。而现在我们整个教育以考分为目标导向，知识与考核体系复杂，学起来枯燥乏味，扼杀了学生的主动性、积极性与创造性。如果学生能够做他们喜欢的事情、选择他们喜欢的专业和职业，这个世界就会更加充满活力，教育也会更加和谐，充满希望。

三、建立健全多元化的办学体系，营造更能充分激发教育活力的体系框架。

之所以应试教育被批判了多年还很难改变，就是因为应试教育是既有教育体系框架下的结果。只要教育部门与政府垄断办学，高考还是一条“独木桥”，就必然出现应试教育。因此，激发教育活力，必须百花齐放，支持鼓励不同办学主体的发展，形成一个多元化的办学体系。

目前，无论是一般意义上的非营利性民营办学机构，还是营利性民营办学机构，都越来越多，多元化办学格局正在缓慢形成。无论是小学、中学，抑或是大学，办学机构正在走向多元化。不同类型的办学机构多了，民办大学、社会大学不用根据高考分数录取学生，兴趣、特长包括面试等多元化的标准和指标也就出现了，学生的活力自然就有了实现的条件。

其实，很多教师不见得一定是受过师范教育的，现在北大附中、人大附中招的教师基本都是北大清华的博士生和海外留学归来的博士生。当然，这是不是未来发展的方向是另外一回事，但这意味着未来对教师的要求会发生根本性的变化。我们要适时打破学校教育机构和社会培训机构的垄断，任何一个具备条件的人都可以自己开课堂、搞教育培训。好的东西总会有人承认，关键是供需双方的自愿结合，给它提供机会，很多教育不一定非要在课堂上实现。

四、从教育理念看，“学以致用”式的应试教育既有理念面临调整。

有专家指出，中国两个最大的教育上市公司——千亿美金的市值体量，都是做课外辅导的，都是中国教育焦虑驱动和体系封闭的产物，是学以致用的副产品。从小学、初中、高中到大学甚至更高层次的教育阶段，都是父母和社会功利性的安排，没有考虑学生的兴趣。学生每天疲于应付父母与社会的功利化目标诉求，活力、激情、美好生活与他们的青春南辕北辙。

有专家提出，“学以致用”喊了两千年，践行了两千年，它是以教育资源短缺为背景的传统社会追求的价值导向，具有时代局限性。有专家提出，“教育”这个词就带有很强的计划性与强制性。“教”和“育”的实施主体是老师、学校与社会，接受主体是学生，很被动。“教育”这个词工具化、功利性的色彩很强。

有专家讲，二十来年在耶鲁碰到来自中国的学金融学的学生很多，到现在为止没有看到他们对金融学真正有激情、真正有兴趣，每一个学生都说之所以选择这个专业是因为他们的父母觉得学金融和经济学比较好找工作。他们在学校里读书、考试都行，考分不错，但就是没有激情，创新就更不用说了。激发活力，最重要的是尊重教育及教育主体的本性。每天我们批评应试教育，其实它只是“学以致用”等看似正确的教育观念的产物。这种观念导致了实用主义与功利主义，在新的时代条件下是需要调整的。

五、激发教育活力，就是要从过去追求工具化的教育转型到追求兴趣化的教育，从追求功利化的教育转型到追求以人为本的素质教育。

美国著名演讲家泰德说过，既有教育系统当中的成功者，并不是因为这种文化才成功的，通常是克服了这种文化才成功的。很多人喜欢读书，但是不喜欢语文课；喜欢运动，但不喜欢体育课。因此，如果一个社会里面每一份工作都由对那份工作、那个专业有激情的人来做，那这个社会里面的人一定会充满创造力，充满活力，而兴趣化教育是其重要的前提条件。

是从学生的角度看待学习与教育，根据学生的兴趣、激情配置学习与教育资源，还是由国家、校长、老师来主导教育，是两个不同的出发点和观念，导致的教育结果也大不相同。要让不同的孩子有不同课程的目标，很多课程是面对永远都学不好数学的孩子开设的，有些学生学了六年的数学，得分的可能就只是选择题，考分很低，但没有关系，这当中有的学生最后可能成了小提琴家或其他领域的专家能手。所以，学生即使不喜欢某一学科，也要让他有一段美好的学科学习时光，有一个健康快乐的心态，长大后能干什么就干什么。

当今教育的一个非常重要的使命，就是从应试教育突围，建立以学生为中心，以学生的健康发展和终身幸福为本，让学生免于“恐惧”的教育，能够保障他们的睡眠，尤其是保护学生的身心健康、学习兴趣、想象力和好奇心。教育质量最好的芬兰没有考试、没有评优、没有职称、没有绩效工资，但做到了教育质量最好。义务教育的性质在全世界都是一样的，是政府用纳税人的钱开展的，也是政府的义务，所以是免试免费、就近入学、非竞争性、非选拔性的教育，是一种基础性、保障性的教育。教育宗旨不能走歪了。按照义务教育的概念来安排高中学校，应该取消高中阶段的名牌学校，整个基础教育秩序就稳定了。教育改革就是从掐尖走向平常，形成一种低竞争、低控制、低评价的教育系统，形成一种有利于素质提高的教育体系。

六、激发教育活力，要营造环境，让教育家按照教育的本质和规律办学，形成一个全社会共同支持教育的改革创新氛围。

从教育客体的角度来说，一个适宜的外部关系对主体活力激发至关重要。因此，好的教育应该是与政治、经济、文化、金融、舆论构建良好关系，当然这些关系不是支配性的而是支持性的，不是控制性的而是激励性的，并为教育活力的充分实现创造适宜的外部环境，打破物质、观念、制度、文化和技术的约束。有专家指出，尽管国家三令五申放权，但政府还是审批过多，管得过死，导致活力缺失。发达国家多是备案制，他们的政府就只是制定好规则，在这种情况下，教育主体的活力自然能被激发。政府不能急功近利，要给学校放权，因为教育与人才培养的效果不是今天就能看得出来的，而要看十几年、几十年之后。很多人感到大学缺乏自主权，有些大学校长反映虽然政府也确实在不断放权，但他们的获得感还不是很强。要下放高校教师职称的评审权、评审办法，甚至要建立符合中国特色大学的薪酬分配制度，包括高校绩效工资改革。最近几年公办学校校长不少人离职，从顶尖级的公立学校流向私立学校，主要还是体制原因。公办学校有很多文本化检查、年度考核和接待等，又要疾控又要防汛，又要迎接检查又要搞好接待，所有都要从校长抓起，都压到学校。党和政府早就呼吁教育家办学了，关键是营造什么样的土壤，为什么公办学校没有那么多自由，而私立学校和“非法”学校校长就说了算。一句话，校长负责制，校长说了算，符合教育规律。

在好的教育土壤中，每个种子（学生）都有生长的方向与空间，政府、学校与社会能做的就是共同推动教育生态的改进，把土壤准备好，保护内驱力的学习，从I wont do it到I want to do it再到I did it，让种子生根发芽。要让学生能够从教育或者知识的接受者和应试者变成内心充盈的创造者，家长成为终身学习的执行者，教师从服务提供者变成有充分职业支持的创造者，更多的人在明确角色的前提下加入到教育行动中来。

七、激发教育活力，要深化教育改革，推进治理能力和治理体系的现代化。

有专家提出：这种治理体系究竟是政府和学校的二元结构好，还是政府、学校和市场的三元结构更好？建议构建三元结构，向行业、向市场、向社会发展，完善自身的治理结构，扩充自主权空间，调整学校学科专业结构，适应社会和市场经济要求。解决好政府、社会和学校三者之间的关系，理想的状态是政府宏观管理、学校自主办学、社会广泛参与。

其实，读大学似乎比找对象结婚风险更大，因为它是一生的周期，且不允许“离婚改嫁”，后悔的代价太大了，而且会连累身边的一群人。正因为如此，激发教育活力要靠立法保证。目前的教育立法太滞后，学前教育没有学前教育法，办学缺乏明确的办学法律，没有法律明确规定哪些是政府及教育管理部门该管的，哪些是不该管的，该如何管。其实大量的教育事务根本不需要审批与备案，且审批周期长，容易滋生腐败。

教育面临的最大的挑战有两项：一项是全球化，一项是科技发展。这是具有全球冲击力的两大力量。人生规划越来越难以落实，规划不要说十年、二十年，就是五到六年就可能落伍。学校怎么去克服这种机械的教的文化，让孩子真正走向学习，还其中还有很长的路要走。

八、激发教育活力，要鼓励对特许学校、小微学校等的探索。

有专家提出，小规模学校难留师资是一个长期存在的问题，随着国家对乡村教师每月给了六百到两千元的补助，乡村学校的吸引力才稍微好一些了。但即使如此，音体美开课难的问题也是乡村学校一个普遍的问题。现在很多小规模学校还在减少，有些没有学生了，有些还剩下一两个学生，当地的教育部门为了方便还是把他们撤销了，这一点要引起关注，要借助互联网等条件，有效关注并解决小规模学校碰到的生存与发展难题。

特许学校，就是政府和办学的一些私人机构或者团队先协商办什么学校，经费由政府拨付，双方签约制定办学规则，政府在过程中不干预。这种特许常常是以改进学校的现状为主，多数学校属于教育革新的实验学校，很多特许学校可以免受例行性教育行政法规的限制，学科授课时数、教学工作者等都不限制，积极鼓励他们探索。

九、高度关注教育界的“野蛮人现象”—— 一流的应试教育名校与强大的资本联手，用高额资金吸引高分学生、名校校长和优秀教师，然后再以高升学率强化应试教育。

当前，一些所谓名校与资本深度结合，通过强化应试教育实现所谓教育“产业化”。最具可视性的是超级中学——衡水中学的扩招，它在全国办了二十三所分校，基本上都是或者与房地产结合，或者与大企业联合。为什么衡水中学今年在浙江遭到了强烈抵制？它一百万聘一个校长，多少万一个高分学生，一个普通学生学费收三万八乃至更多，三千名学生提前招生。杭州的公办学校根本没法与它竞争，这就是这一轮教育产业化的一个非常突出的特点。

无论是培训机构还是名校办名校，背后都有庞大的资本力量介入，他们通过介入义务教育，以考分为武器，实现了资本的增值，实现了“产业化”，有自媒体称之为“剧场效应”。有些野蛮人坐在第一排看戏，且站了起来。没有办法，剧场后面的人也要站起来才能看到。最后，整个剧场的人都站了起来。

这样，应试教育得到了极大强化，培训、补习的所谓补差功能变成了培优功能。2012 年教育测试当中上海取得了世界第一的优异成绩，但同时也得到了另外一个世界第一，就是科研负担、学习负担世界第一，而且还“遥遥领先”。上海的学习时间世界第一，日本只有上海的三分之一，港澳台只有上海的一半，其实他们也都是第一梯队的成员。

不怕班里有学霸，就怕学霸放暑假。不久前一家媒体报道，上海的一个两岁半的男孩，父母给他报了五个培训班，包括主持人培训班。结果这个小男孩严重脱发，到了医院一检查，原来是因为精神过度紧张。什么叫做奥托班？托儿所的奥数班，这种炽热的补习风在大城市的覆盖面积已经非常大了，城市大于农村、东部大于西部、重点学校大于非重点学校（参加补习的重点学校学生多于非重点学校学生）小学生多于初中生，越是学习好的人越是要上更多的补习班。这样，起跑线不断前移，原来只是在高中起跑，后来到了小学和幼儿园。在学龄前儿童的补习机构已经非常成熟了，这成为了一个巨大的产业。

有校长认为是家长择校非理性，是培训机构推波助澜，其实这样一个循环当中每个主体都有自己的责任，也都扮演了重要角色。为什么这个市场如此混乱？讲得好听一点是政府失灵，讲得难听一点是政府失职，该管的不管，背后还有很多“寻租”的行为。要解决这一问题，破解这个剧场效应，就要看政府站在哪里，政府在干什么。

十、“更好的教育，更好的生活”应该成为今后一段时期的教育理念与口号，这是中国社会应该追寻的教育理想。

最好的教育应该是让人成为自己，不是用统一的考试、大纲和评价把可能性、多样化用另一个标准呈现出来，培养一个英雄和无数失败者，这不是教育的方向。教育拥有活力，就要记住教育最重要的根本——过一种幸福完整的教育生活。其实学习的过程本来就是充满着挑战和快乐，我们很多学校的孩子是不会笑的，没有办法从心底涌动幸福，所以教育一定要让教师和学生享受他们的教授和学习过程。多一点宽容，教育才能从容。激发教育活力，要鼓励探索，包容失败，不急功近利，对教育抱有很大的耐心，尤其要鼓励民间各种各样的探索。在确定正确目标的前提下，让各种教育主体大胆尝试。其实这个思路不仅仅是对学校，也是对教育、对学生的思路，把更多的时间和空间给他们，让他们去想、去做、去发现。对学生如此，对教育机构也应如此。

更好的教育，本身就是更美好的生活。为实现两个一百年的奋斗目标，实现中华民族伟大复兴的“中国梦”，我们需要共同努力，用更好的教育创造更美好的生活，在更美好的生活中体验更好的教育。

中国教育三十人论坛成员名录

论坛国际学术顾问

穆罕默德·尤努斯（孟加拉国银行家，2006年诺贝尔和平奖得主）

约翰·奈斯比特（世界著名未来学家，曾任肯尼迪总统教育部助理部长、约翰逊总统特别助理）

詹姆斯·莫里斯（激励理论奠基者，1996年诺贝尔经济学奖得主）

论坛学术顾问

顾明远（北京师范大学教授，中国教育学会名誉会长）

吴敬琏（国务院发展研究中心研究员，中欧国际工商学院宝钢经济学教席教授）

陶西平（国家总督学顾问，联合国教科文组织协会世界联合会副主席）

张信刚（香港城市大学荣休校长，英国皇家工程院外籍院士）

论坛成员（以姓氏笔画为序）

1. 王嘉毅（中共甘肃省委常委、秘书长，甘肃省教育厅原厅长）

2. 文东茅（北京大学教育学院教授，中国教育发展战略学会副会长）

3. 石中英（北京师范大学教育学部教授，北京明远教育书院院长）

4. 朱永新（全国政协常委、副秘书长，民进中央副主席，新教育实验发起人）

5. 汤　敏（国务院参事室参事，友成企业家扶贫基金会常务副理事长）

6. 严文蕃（美国马萨诸塞大学波士顿分校终身教授、教育领导学系系主任）

7. 李希贵（北京十一学校校长，中国教育学会副会长）

8. 李镇西（中学特级教师，成都市武侯实验中学原校长）

9. 杨东平（国家教育咨询委员会委员，北京理工大学教授，21 世纪教育研究院院长）

10. 张志勇（山东省教育厅巡视员）

11. 张卓玉（山西省教育厅原正厅长级督学）

12. 陈平原（北京大学中文系教授，中央文史馆馆员）

13. 邵　鸿（第十三届全国政协副主席，九三学社中央常务副主席）

14. 季卫东（上海交通大学凯原法学院院长、教授）

15. 周国平（中国社会科学院哲学研究所研究员）

16. 周洪宇（第十三届全国人大常委会委员，长江教育研究院院长）

17. 项贤明（南京师范大学教育科学学院教授，民进中央教育委员会副主任）

18. 袁振国（华东师范大学终身教授，国家督学，中国教育学会副会长）

19. 钱颖一（全国工商联副主席，清华大学经济管理学院院长）

20. 徐 辉（第十三全国人大宪法和法律委员会副主任委员，民盟中央副主席）

21. 程介明（香港大学原副校长、荣休教授）

22. 谢维和（清华大学校务委员会副主任）

论坛学术委员会

朱永新 袁振国 杨东平 钱颖一 张志勇

论坛秘书长

马国川（《财经》杂志主笔）

论坛执行秘书长

石 岚

中国教育三十人论坛第四届年会
演讲嘉宾名单
（以姓氏笔画为序）

王嘉毅	文东茅	石中英	朱永新	汤　敏	李一诺
李希贵	李镇西	杨东平	张冬青	张民选	张志勇
邵　鸿	周洪宇	康　健	程介明	谢维和	